SIMEONE TATTICO

MANUEL OLMO

Olmo, Manuel

Simeone tattico - Manuel Olmo - 1a ed. - Città di Buenos Aires:
LIBROFUTBOL.com, 2022.
196 pagine; 15,2 x 22,9 cm.

ISBN 978-987-8943-24-4

1. Calcio. 2. Tattica.
CDD 796.334092

SIMEONE TATTICO
di Manuel Olmo

Copertina: Luciano Medvetkin
Foto dell'autore: © Manuel Olmo
Strumento utilizzato per l'analisi: InStat
Traduzione: Alessandro Mariani

LIBROFUTBOL.com
Av. del Libertador 6898 – Nuñez – Città di Buenos Aires – Argentina

✉ ediciones@librofutbol.com
☏ +54 9 11 2215 1982
⌾ @librofutbol

1ª edizione: novembre 2022

ISBN 978-987-8943-24-4

GLI SCHEMI PIÙ UTILIZZATI DA DIEGO SIMEONE

1-3-5-2

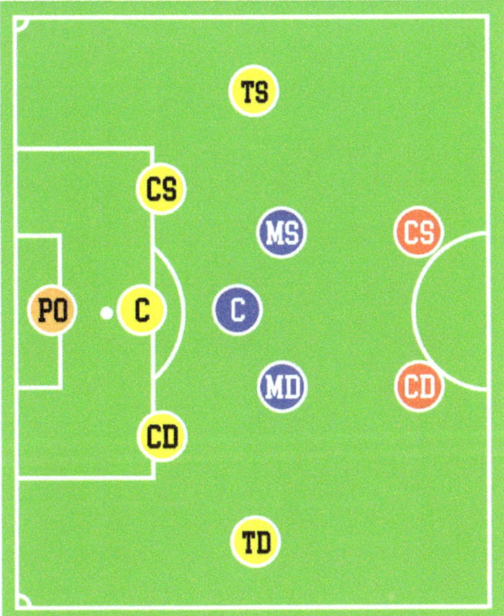

1-4-4-2

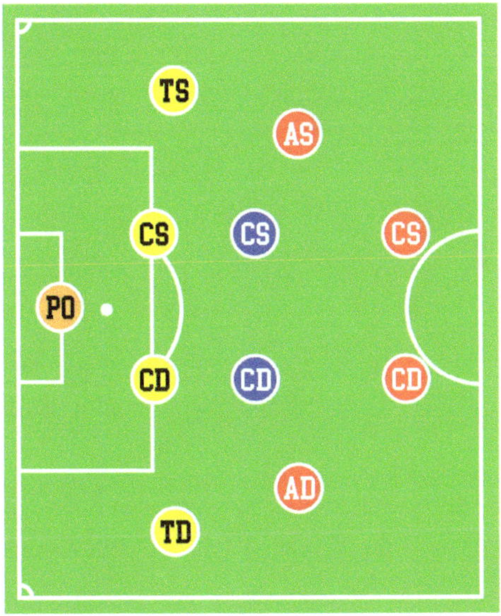

INDICE

PREFAZIONE

La leadership, tanto nella vita come nel calcio, è cambiata. Magari un tempo l'allenatore, in quanto figura autoritaria, aveva solo bisogno di incutere rispetto e timore a sufficienza per indurre i giocatori a seguire i suoi dettami. Ma ormai non funziona più così. Al giorno d'oggi, gli allenatori hanno bisogno che i giocatori credano in loro e nelle loro idee. Senza incrinature. Perché dubitare equivale a iniziare a perdere.

Consapevole di ciò, Diego Pablo Simeone ha saputo semplificare, attraverso varie espressioni, un'ideologia che lo lega non solo ai suoi giocatori, ma anche a tutto l'Atletico Madrid. "Lo sforzo non si negozia." "Una partita alla volta." "Non mi piace che ci chiamino 'El Pupas'. Sono stato all'Atletico per cinque anni e abbiamo vinto tre tornei". "Per essere competitivi dobbiamo giocare come possiamo, non come vogliamo". "Non facciamoci confondere; se ti piace la "pizza", non mangiare altro". Da questi slogan, facili da capire, assimilare e ripetere, Simeone è riuscito a mantenere focalizzata la sua gente. Ha creato un leitmotiv, ha giustificato il suo stile, ha limitato le aspettative e ha instillato una personalità vincente che sembrava dimenticata nel Paseo de los Melancólicos.

Questa era una condizione sine qua non per tutto il resto. Come ha detto più volte Simeone: tutti gli allenatori sono molto competenti, più o meno sanno tutti le stesse cose, la differenza sta nella gestione della squadra. Una volta ottenuto il "fino alla morte, siamo pronti a morire", il Cholo ha avuto via libera per impiantare il suo modo di sentire il calcio.

A livello tattico, Simeone è stato un allenatore molto mutevole prima

di arrivare al Vicente Calderón. Abbiamo visto schemi di ogni tipo, con diversi moduli in difesa e molto versatile nell'utilizzare gli attaccanti. Tuttavia, ha sempre voluto attaccare velocemente, con pochi passaggi e prendendo pochi rischi. Simeone non ha mai voluto rendere le cose facili al rivale. "Vogliamo essere scomodi", dice spesso. E questo inizia inevitabilmente dal modo in cui attacchi. Perché in una partita non puoi decidere quali spazi attaccare, ma puoi decidere quali spazi non lasciare che ti attacchino.

Comunque sia, ciò che ha portato Simeone ad essere uno dei migliori allenatori dell'ultimo decennio è il suo lavoro in fase difensiva. Spesso, da più parti, il suo lavoro è stato ridotto a "regalare il pallone e buttarsi indietro", come se bastasse questo per farti diventare la miglior difesa del calcio europeo per tanti anni. Oltre a tutto il lavoro emotivo, perché la squadra dev'essere preparata a saper soffrire, c'è anche un meticoloso lavoro tecnico sul quale non è mai stata posta una particolare attenzione. Nel collettivo, è impressionante vedere come la sua squadra fluttua compatta da una parte all'altra. Non si apre nessun varco, nessuno esce dallo schema. Non c'è un solo giocatore che salta quando non dovrebbe o che non è attento a correggere eventuali squilibri causati dall'avversario. Ma poi, individualmente, c'è un lavoro chirurgico che solo chi vive con lui può apprezzare appieno. I suoi calciatori sono sempre ben posizionati senza palla, portando l'avversario a fare un passaggio che non vorrebbe fare, ma che, suo malgrado, è costretto a eseguire per non far morire lì la giocata.

Ecco perché la maggior parte dei giocatori che hanno ricevuto e superato l'esame iniziale (esame che ha respinto anche molti calciatori di qualità), finiscono per essere migliori di prima. Per questo, a sua volta, quando uno di loro se ne va, si accorge che "fa più freddo" lontano dal Cholo. Perché Simeone migliora il calciatore, ma lo migliora in modo che migliori la sua squadra. Con Simeone le parti non si possono separare dal tutto.

Di tutto questo, con molti più dettagli e precisione, ovviamente, scrive Manuel Olmo nelle pagine che seguono. Manuel non cerca di fare lirica sul Cholo Simeone. Ce n'è già in abbondanza. Da buon allenatore, la sua intenzione in questo libro è di snocciolare tatticamente, sulla base di più di 50 situazioni di gioco, i motivi per cui l'allenatore argentino, partita dopo partita, ha cambiato la storia dell'Atletico Madrid.

Miguel Quintana

Giornalista Sportivo

INTRODUZIONE

È per me un grande piacere scrivere questo libro, che parla di Diego Pablo Simeone da un punto di vista squisitamente tattico e analitico. Da che ho memoria, sono stato innamorato del calcio ed è stato per me chiaro fin da subito che questa era la mia passione.

Contro la passione non si può andare, quindi ho iniziato giovanissimo a formarmi come allenatore, analista tattico e scout. Quando mi presentarono questo progetto non ho esitato, lo vedevo come una nuova sfida e un apprendimento utile per continuare a crescere a livello personale e professionale. Quindi mi sono messo subito al lavoro.

Per analizzare il gioco di Simeone, andremo ad osservare i comportamenti più abituali nelle sue squadre e le varianti tattiche nelle diverse fasi di gioco. Tutto questo lo vedremo sgranato in diverse situazioni che si svolgono in determinati contesti.

Nonostante il calcio sia considerato un processo inscindibile, è necessario dividerlo per poterlo analizzare al meglio. Pertanto, ci soffermeremo sui quattro momenti di gioco (oltre ai calci piazzati) che si creano a seconda della situazione della squadra e rispetto al possesso palla:

- attacco organizzato. Cosa fa la squadra quando ha la palla?

- transizione attacco-difesa. Cosa fa la squadra quando la perde?

- difesa organizzata. Cosa fa la squadra quando non ha la palla?

- transizione difesa-attacco. Cosa fa la squadra quando

riconquista pal-la?

Come ho già detto, vorrei sottolineare l'importanza di vedere queste quattro fasi come una globale, come un qualcosa di unico. Dal momento che il modo in cui una squadra attacca (cioè in che modo si scompone per scomporre l'avversario) avrà un effetto su come si difenderà successivamente.

Ad esempio, se una squadra perde palla nella zona di finalizzazione, si ritrova in condizione di poter pressare alto. Sicuramente difenderà bene e lontano dalla propria porta; se invece una squadra perde il possesso a inizio azione o nella zona di creazione, essendo mal posizionata, soffrirà molto in fase difensiva. Questi due esempi sono molto significativi e mettono in relazione l'importanza di attaccare bene per poter difendere meglio.

CAPITOLO 1

EVOLUZIONE

> "Il calcio si evolve e questa evoluzione dipenderà dai giocatori che hai".

Quando Simeone arrivò sulla panchina dell'Atletico Madrid, erano tempi difficili, l'andamento del club "colchonero" stava peggiorando e i tifosi erano disillusi. Attualmente, l'Atletico di Simeone è una delle squadre più competitive del panorama mondiale.

Questo capitolo vuole confrontare, grosso modo, l'11 titolare del Cholo quando arrivò nella società biancorossa, con quello della stagione 2020/21 (quasi 10 anni dopo), anno in fu incoronato campione della Liga.

Thibaut Courtois e Jan Oblak. Due portieri dominanti e potenti. In questa posizione, l'Atletico è solitamente ben coperto.

Diego Godín e João Miranda erano due centrali che dominavano il gioco aereo e con grande capacità di anticipare l'avversario. Attualmente, Felipe, José María Giménez e Stegan Savić rispettano quel ruolo, fatte le dovute differenze.

Juanfran e Filipe Luís, due terzini con grande corsa, velocità e tiro, svolgevano un lavoro simile a quello che fanno oggi Kieran Trippier e Renan Lodi. In questo aspetto andremo a vedere cosa sta implicando

l'inclusione di Mario Hermoso negli 11 iniziali, dal momento che cambia molte cose a livello tattico.

Tiago e Gabi erano i motori della squadra, i cervelli, coloro che riuscivano a ridurre lo spazio tra le linee. Il loro lavoro era fondamentale, come accade oggi con Koke, Saúl, Héctor Herrera, Geoffrey Kondogbia e Lucas Torreira. Con il passare del tempo la squadra ha aggiunto più alternative in questa posizione, il che è molto interessante soprattutto dal punto di vista tattico.

Diego Ribas e Arda Turan erano due giocatori di grande qualità, dribbling e buoni passatori, entrambi partendo dalle fasce. Oggi con la presenza di Marcos Llorente che parte dalla fascia destra, il profilo del giocatore e il modo di attaccare della squadra sono molto cambiati (ne parleremo in un prossimo capitolo). A sinistra è più frequente vedere un giocatore con capacità di fare grandi sforzi, come Yannick Ferreira, Carrasco o Vitolo. È anche comune vedere Saúl in questa zona del campo. Le alternative non sono poche.

Falcao e Adrián erano gli attaccanti nel 2011, oggi sono João Félix e Luis Suárez. Vedremo anche, con particolare attenzione, il ruolo del portoghese, facendo riferimento ai movimenti dei compagni intorno a lui, visto che la sua presenza in campo sta cambiando parecchie cose.

Altre due alternative in attacco, per Simeone sono Ángel Correa, giocatore con sbilanciamento e mobilità, e Thomas Lemar, calciatore di grande qualità (come ha dimostrato all'AS Monaco FC) e che può dare molto apportando nuove varianti.

Simeone è consapevole di quanto sia importante ottenere il massimo da ciascun membro della squadra, e su questo si focalizza. Se proviamo a confrontare le due formazioni, è vero che quella del 2011 non ha nulla da invidiare a quella attuale, tenendo conto del livello dei giocatori di allora. Vorrei però sottolineare la profondità della panchina della rosa attuale, che gli offre una abbondanza tattica fondamentale per cambiare il corso di certe partite. Questo è, forse, il fattore più notevole dell'evoluzione dell'Atletico dal 2011.

Lo stesso Simeone, quando gli è stato chiesto se l'Atletico Madrid, campione della Liga nel 2014, fosse simile a quello della stagione 2020/21, ha risposto che non erano affatto simili. Considero positiva questa risposta, poiché per continuare a vincere è necessario rinnovarsi e non sedersi sugli allori, in modo da continuare a sorprendere gli avversari. Sicuramente il Cholo non vuole paragonarli perché negli anni la rosa ha aggiunto molte più varianti, necessarie in un calcio in cui tutti conoscono perfettamente gli avversari ed è importante avere piani d'azione diversi.

PUNTI DI SVOLTA?

Per ottenere dei cambiamenti a livello collettivo, è fondamentale che avvengano dei cambiamenti anche nei ruoli di alcuni giocatori, con l'obiettivo di migliorarne le prestazioni. A questo proposito, analizzeremo l'evoluzione di João Félix, Marcos Llorente, Mario Hermoso e Yannick Carrasco. Ci sono tanti altri calciatori che potremmo mettere in evidenza, ma ciascuno avrà il suo spazio durante il libro.

Come dice Miguel Quintana nella prefazione, Simeone migliora il calciatore e questi, a sua volta, migliora la squadra.

JOÃO FÉLIX CONTRO IL LIPSIA – SPAZIO LIBERO, DRIBBLING E UNO-DUE

È chiaro che ci troviamo davanti a un giocatore con un talento fuori dal comune. L'Atletico rilevò il suo cartellino con un grande investimento e durante la sua seconda stagione si è cominciato a notare un gran progresso nelle sue prestazioni. Non è sorprendente, dal momento che i nuovi acquisti di Simeone di solito hanno bisogno di tempo per adattarsi alle sue idee.

Nel match dei quarti di finale di Champions League contro il Lipsia abbiamo potuto vedere una squadra diversa senza il portoghese, piuttosto che con lui in campo. L'Atletico non trovava la via del gol e non si era potuta esprimere al meglio fino al minuto 58, quando Simeone decise di inserire Felix (7). L'ex Benfica ha iniziato a prendere dimestichezza con il pallone, a sentirsi importante e ad attirare il gioco come piace a lui. Soprattutto partendo dal-l'ala sinistra, come si può vedere in figura 1.

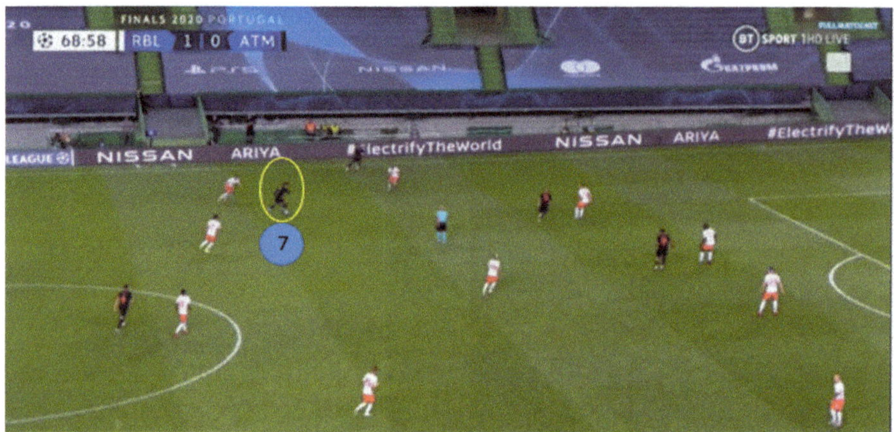

Figura 1.

Una volta che il giovane portoghese (7) riceve la palla in una posizione di vantaggio, le possibilità di segnare crescono in modo esponenziale, grazie alla sua capacità di connettersi con i compagni e di superare le linee di pressing, attraverso passaggi o dribbling.

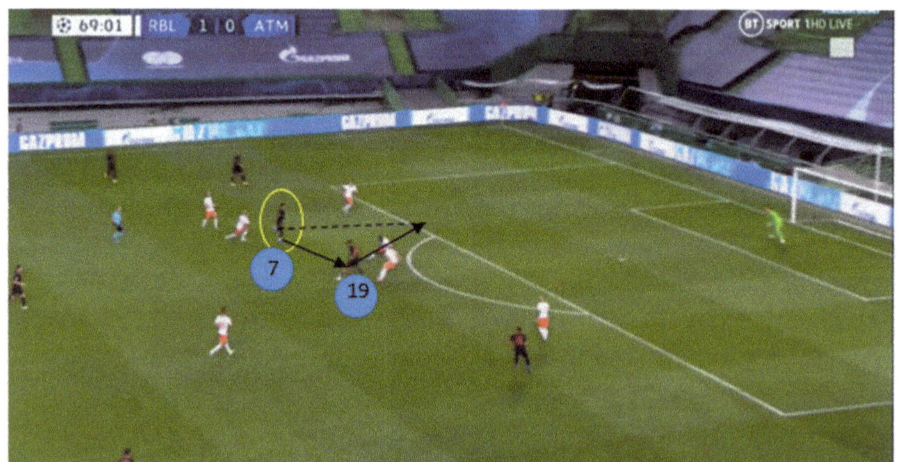

Figura 2.

Le immagini (1 e 2) sono consecutive e mostrano l'area dove João (7) riceve solitamente palla per marcare la differenza. In questa situazione è riuscito a spezzare la linea di centrocampisti e difensori rivali con un buon dribbling e con un grande uno-due con il centravanti Diego Costa (19). Costa che, come si vede nell'azione, attira due avversari e manda il pallone oltre i compagni.

Questa azione si è conclusa con il momentaneo pareggio dell'Atletico, grazie a un rigore trasformato dallo stesso João Félix (7).

MARCOS LLORENTE AD ANFIELD - PROFONDITÀ E TAGLI

Una menzione speciale la meritano i cambiamenti avvenuti all'Atletico Madrid dopo quella partita ad Anfield. Merito di Llorente ma anche di Simeone. Trasformare un giocatore che si presumeva fosse difensivo, come aveva dimostrato all'Alavés, in un attaccante di alto livello, è un proposito che sarebbe potuto venire in mente solo all'allenatore argentino.

La sua prestazione, con due gol e un assist, ad Anfield dopo aver sostituito Diego Costa, ha rappresentato un gran punto di svolta. Quel giorno Llorente ha anche dimostrato di poter dare il suo contributo partendo da attaccante o centrocampista di fascia destra. Lo analizzeremo più avanti, ma era importante ricordare questa mossa magistrale, che Simeone ha tirato fuori dal cilindro.

Era il 56° minuto di gioco ad Anfield, con il Liverpool in vantaggio 1-0 e con il risultato complessivo in parità. In quel preciso momento Llorente sostituì Costa. Qualsiasi tifoso, sicuramente, avrà pensato che si trattasse di un cambio difensivo, dal momento che il dominio del Liverpool era piuttosto evidente e in pochi credevano che i biancorossi avrebbero resistito all'onda d'urto. Ma non fu così.

Rivediamo i tre gol che risultarono decisivi per il passaggio dell'Atletico al turno successivo, eliminando i campioni in carica di quel momento. Tre gol che, sintetizzando al massimo, provengono da transizioni difesa-attacco nelle quali Llorente è protagonista, sia che si tratti di gol che di assist.

Gol di Marcos Llorente (1-2)

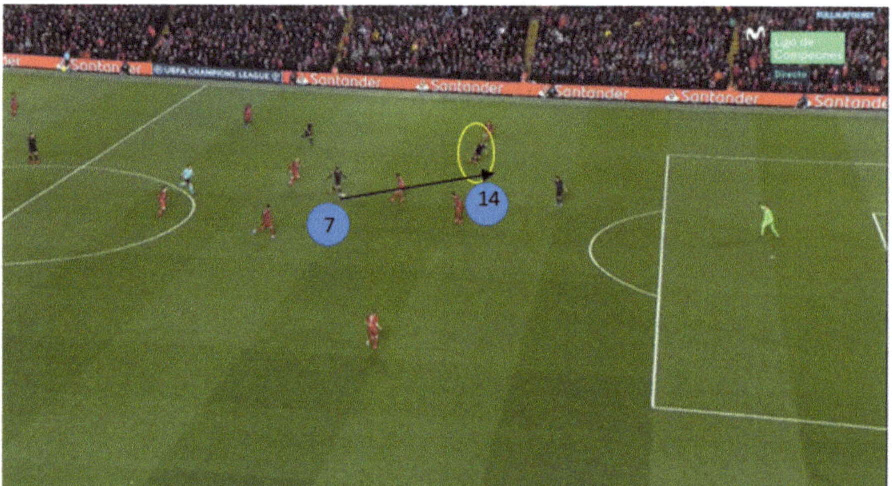

Figura 3.

Dopo una palla persa nel centrocampo del Liverpool, a causa di un errore del portiere, João Félix (7) ha tempo per pensare e sceglie l'opzione migliore, che non è altro che trovare Marcos Llorente (14) alle spalle della difesa avversaria (figura 3). Questa posizione da attaccante dello spagnolo, contro un avversario che gli lasciava spazi alle spalle, è stato un costante grattacapo per gli uomini di Klopp. Tanto che è il motivo principale per cui la squadra inglese è stata eliminata.

Gol di Marcos Llorente (2-2)

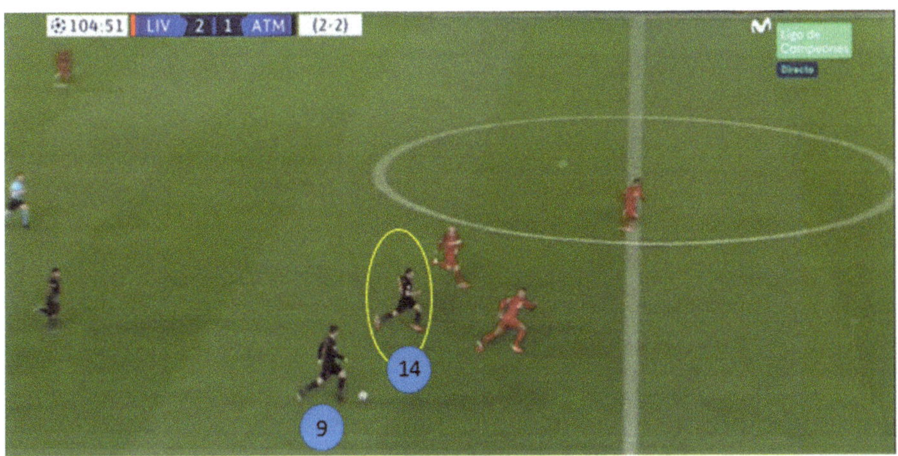

Figura 4.

Un altra transizione difesa-attacco per l'Atletico, in questo caso tre contro tre (figura 4). Álvaro Morata (9) porta palla e Llorente (14) si occupa di allungare la difesa avversaria. Alla fine dell'azione, il centravanti (9) è riuscito a servire nei pressi dell'area di rigore Llorente, il quale con una prodezza ha fatto il resto.

Gol di Morata con assist di Marcos Llorente (3-2)

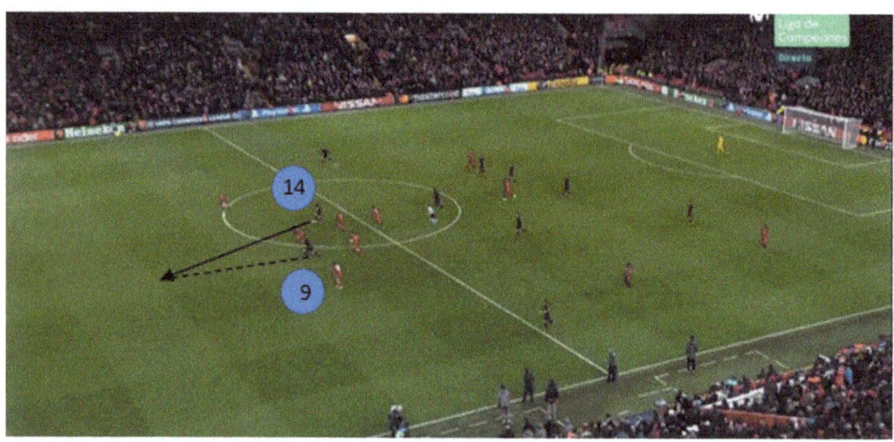

Figura 5.

Nei minuti di recupero e con il Liverpool riversato in attacco, Llorente (14) e Morata (9), che si erano staccati per un possibile contropiede, realizzano il 3-2 finale (figura 5). In questa azione si sono scambiati i ruoli, ma non è certo una sorpresa. Oltre ad avere una gran prestanza fisica, Llorente è un ottimo calciatore sia dal punto di vista tattico che tecnico. Fino a quel giorno la sua posizione più abituale era quella di centrocampista di contenimento, ma da quel momento in poi divenne una pedina fondamentale dell'attacco.

MARIO HERMOSO – INIZIO AZIONE, MARCATURE E SUPERIORTÀ NUMERICA

Oltre ad aiutare la squadra ad avanzare con il pallone, Hermoso se la cava egregiamente in situazioni di pressing in seguito a una palla persa e in transizione difensiva, un fattore chiave per un difensore centrale di una squadra che cerca di tenere palla. Con un fisico molto agile, veloce e con capacità di accelerazione, Hermoso si distingue per due aspetti in questo contesto: sa valutare bene quando anticipare, per poi imporsi sull'avversario, e ha capacità di correggere negli spazi a campo aperto. Parliamo di un difensore fondamentale nei processi offensivi e che, allo stesso tempo, può evitare che i rischi assunti dalla squadra abbiano ripercussioni in fase difensiva.

È anche un giocatore versatile, che si può adattare come difensore in una linea a quattro, come centrale in una difesa a tre e anche come terzino sinistro. Nel corso del libro vedremo la sua importanza in tutti i momenti del gioco e le varianti che offre la sua polifunzionalità.

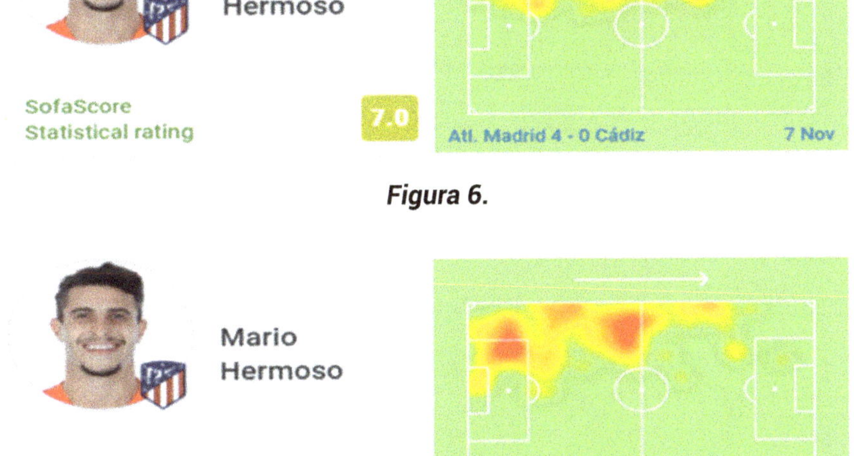

Figura 6.

Figura 7.

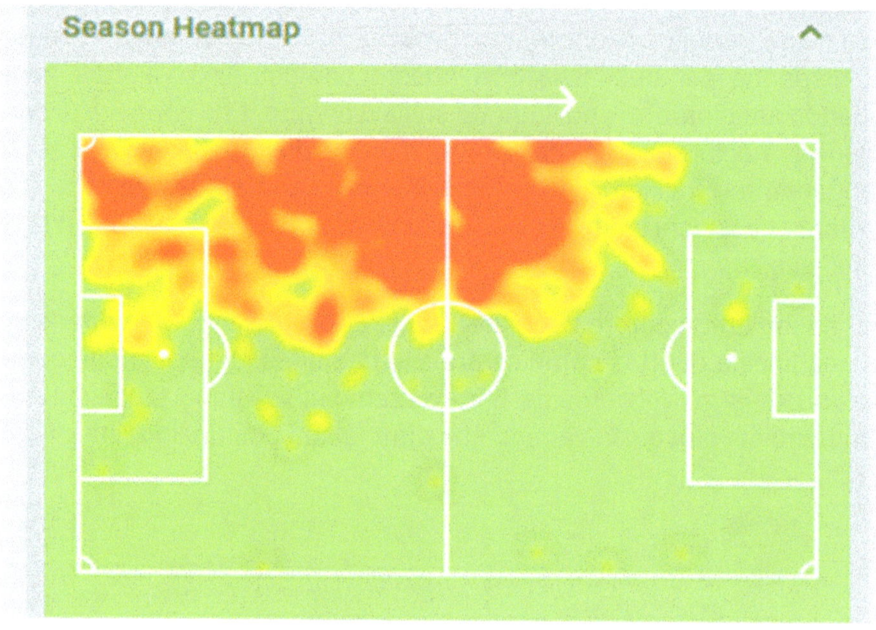

Figura 8.

Come mostrano le mappe di calore di SofaScore (figure 6, 7 e 8), teoricamente Mario Hermoso ha molta influenza nella metà campo avversaria, o vicino ad essa. Ciò significa che l'Atletico sta aumentando il pressing, recuperando rapidamente la palla e avendo una buona percentuale di possesso nella metà campo avversaria. Contro il Cadiz, una situazione del genere si è potuta vedere spesso, molto più che contro il Barcellona; il che è logico, considerando il modo in cui giocano le due squadre.

YANNICK CARRASCO – PROFONDITÀ, AMPIEZZA E AIUTI DIFENSIVI

Simeone ha provato molti giocatori sulle corsie di sinistra (Carrasco, Vitolo, Saúl, Lodi e Lemar, tra gli altri). In fase difensiva il giocatore in questione si comporta come un qualunque difensore, ma in fase offensiva gioca come se fosse un'ala.

Figura 9.

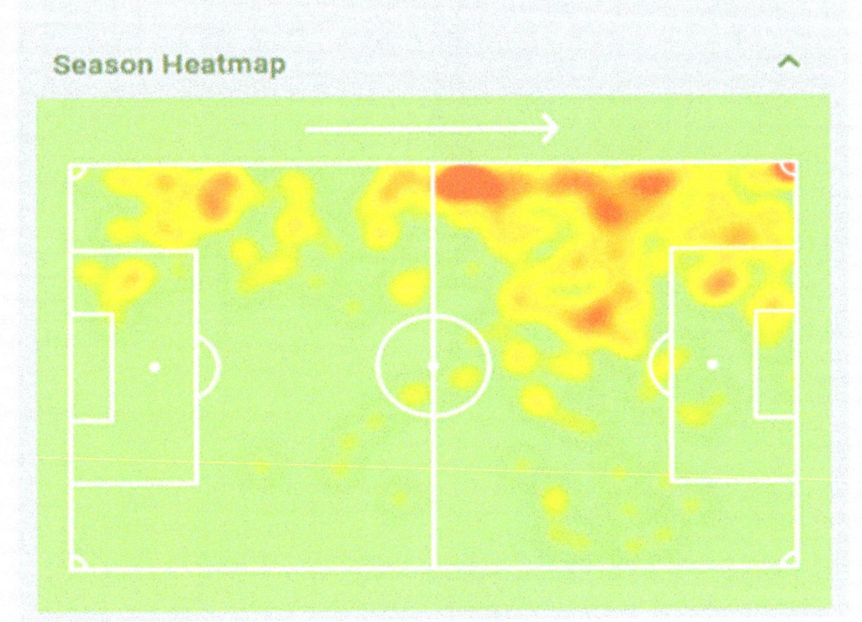

Figura 10.

Contro il Barcellona, Carrasco ha giocato una gran partita in quello che è stato il suo esordio da titolare nell'Atletico Madrid. Come indicano le mappe di calore del match contro la squadra catalana (figura 9, contro il Barcellona; figura 10, mappa della stagione), Carrasco, nella sua nuova posizione, si muove principalmente lungo la fascia, sebbene entri anche in area quando la'azione lo permette.

Sulle mappe di calore, compare spesso anche nelle zone intermedie,

visto che può giocare anche come ala davanti a Lodi; in quei casi è normale che finisca più verso l'interno, per lasciare spazio al brasiliano. Nel caso di un attacco posizionale, di solito Carrasco abbandona la fascia per lasciare spazio a João Félix. Tutti questi movimenti sono piuttosto abituali in questo Atletico, ma la posizione in cui Carrasco ha più influenza con la palla, è comunque sulla fascia.

CAPITOLO 2

MODELLO DI GIOCO

> "Il modello di gioco dovrebbe servire ad aumentare l'incertezza dell'avversario e a diminuirla nella tua squadra".

Il calcio è un gioco in cui sono presenti molti fattori ed è impossibile controllarli tutti. Nonostante ciò, è però possibile dare alla squadra determinati riferimenti e fornire ai giocatori gli strumenti più adatti, affinché siano in grado di anticipare le situazioni che possono verificarsi nel corso di una partita.

Affinché ogni movimento tattico (sia difensivo che offensivo) sia efficace, oltre alla componente fisico-tecnica, esso dovrà essere eseguito considerando le condizioni di gioco più appropriate:

- in termini di zona del campo e posizionamento dei giocatori (convenienza).

- nel momento adeguato (opportunità).

ORGANIZAZIONE OFFENSIVA

Principi tattici chiave delle squadre di Simeone

Aiuti continui al portatore di palla: consiste nel dare soluzioni favorevoli al portatore di palla, che possono avvenire tramite appoggi e smarcamenti. È un principio importante per avanzare verso l'area avversaria, con maggiori possibilità di segnare.

Ampiezza: fare in modo che la squadra occupi l'intera larghezza del campo. In generale, l'applicazione di questo principio è responsabilità delle fasce. Può essere anche dei terzini o delle ali, quando l'Atletico gioca con una difesa a quattro.

Cambio di direzione: per sfruttare il principio di ampiezza vediamo cambi di direzione e capovolgimenti da un lato all'altro. Il movimento della palla da un'ala all'altra è fondamentale per smuovere la difesa avversaria.

Spazio libero: sfruttare lo spazio libero lasciato da un giocatore. Questo principio era molto comune con il sistema 4-4-2, con un giocatore che si spostava verso il centro del campo e lasciava spazio per l'incorporazione del terzino. Ciò non significa che sia meno valido con altri sistemi di gioco. Ad esempio, l'Atletico agisce questo principio quando cerca un punto in cui João Félix possa entrare in contatto con il pallone.

Affinché questo principio venga effettivamente realizzato, devono succedersi queste tre fasi:

- creazione di uno spazio libero.

- occupazione dello spazio da parte di un altro giocatore.

- ottenere un vantaggio, facendo sì che la palla raggiunga il giocatore in condizioni adeguate.

Raddoppio: scambio di posizione e quindi, di ruolo, di due o più giocatori della stessa linea o di linee diverse, provocato dall'abbandono di una posizione per passare all'attacco, senza perdere un'occupazione razionale del campo di gioco. Come abbiamo visto in precedenza, questo principio era molto facile da osservare con il modulo 1-4-4-2, quando un centrocampista laterale lascia la posizione e il terzino si unisce all'attacco.

Profondità: per raggiungere questo obiettivo è molto importante la mobilità dei due attaccanti, poiché mediante tagli in profondità costringono l'avversario a rientrare, creando così dei varchi in difesa per raggiungere l'area di rigore. A volte, quando un attaccante taglia in profondità, l'altro sfrutta lo spazio che si è generato, per ricevere palla. Questo principio si applica più frequentemente quando Llorente parte dalla linea di centrocampo e attacca con tagli in profondità verso la zona tra l'ala e il centrale avversari.

Terzo uomo: l'obiettivo è creare superiorità numerica, attrarre giocatori attraverso il possesso palla. Si tratta di cercare quei compagni più lontani, per giocare frontali con un terzo che arriva senza farsi vedere dall'avversario e conquistando la posizione.

Marcature: posizionamento di determinati giocatori, per prevenire possibili azioni offensive da parte dell'avversario.

Equilibrio: la distanza adeguata tra le linee e/o i giocatori della stessa linea, per eseguire correttamente le varie azioni tecnico-tattiche offensive. È un principio molto importante, che riguarda specialmente la fase difensiva, ma essenziale anche in attacco, in modo che la squadra sia ben posizionata in caso di una possibile palla persa.

Errori frequenti:

1. Mancanza di profondità in determinate occasioni, in cui gli attaccanti non coordinano bene i movimenti tra loro.

2. In alcuni momenti il gioco è troppo concentrato su un lato del campo, manca ampiezza e si dovrebbe cercare di fare più cambi di direzione.

TRANSIZIONE ATTACCO-DIFESA

- In seguito ad una palla persa, i giocatori più vicini alla palla devono fare pressing, con l'obiettivo principale di recuperare il

pallone il più vicino possibile alla porta avversaria. Nelle partite in cui l'Atletico vuole dominare, è importante che riescano a recuperarlo in poco tempo, dato che quando gli uomini di Simeone devono rincorrere gli avversari, tendono a perdere il controllo del gioco e il dominio della gara.

- Nel caso in cui l'avversario riesca a superare la prima linea di pressing, immediatamente tutta la squadra rientra e si realizza un temporeggiamento difensivo.

- Si cerca di mantenere costantemente l'equilibrio, sia in attacco che in difesa; affinché, in caso di una transizione difensiva, non ci sia spazio tra le linee che il rivale possa sfruttare per avanzare.

- In questo tipo di azioni è importante considerare la lettura tattica dei giocatori vicini alla palla. Essi devono valutare, considerando la situazione di tutti i giocatori sul campo di gioco, se è meglio anticipare o temporeggiare. Vedremo situazioni di entrambi i casi.

Errori frequenti:

1. Spazio lasciato dal terzino dopo essersi unito all'attacco. Quest'errore è più evidente con la difesa a quattro, visto che nel nuovo modulo a tre centrali, Hermoso e Savić rimediano molto bene in queste situazioni.

2. Spazio lasciato dall'ala, che dovrà recuperare la sua posizione. Vedremo sotto questo aspetto come si comportano giocatori come Llorente e Carrasco. Questo problema, come nell'esempio precedente, è molto più comune con la difesa a quattro.

3. Parità numerica tra attaccanti avversari e difensori dell'Atletico. Sarà difficile da difendere e servirà l'aiuto dei centrocampisti.

ORGANIZZAZIONE DIFENSIVA

Principi tattici chiave delle squadre di Simeone:

- **Marcatura a zona:** ciò significa che ad ogni giocatore viene assegnato un settore del campo di gioco, in cui difenderà l'avversario che vi entra, mentre smetterà di inseguirlo quando ne esce. La squadra occupa e mantiene un blocco difensivo tra la palla e la porta. Il posizionamento dei giocatori cambia a seconda di dove si trova la palla. La zona presenta linee compatte, per ostacolare lo sviluppo della giocata avversaria. Sul piano difensivo, si stabilisce un principio di solidarietà, in quanto sono presenti coperture; non si abbandona la posizione abituale e si applica il principio dei anticipo e di intercettazione. Gli spazi che vengono occupati sono quelli più pericolosi, costringendo l'avversario a sviluppare il proprio gioco in settori più lontani dalla porta. Per questo tipo di marcatura è importante ridurre le zone in piccole parti.

- **Equilibrio:** creare poca distanza tra le linee per lasciare pochi spazi all'avversario e non permettergli di attaccare facilmente.

- **Scivolamento:** movimento della squadra in blocco, in ampiezza, per lasciare i minimi spazi all'avversario. In questo senso il lavoro di tre centrocampisti è maggiore rispetto a quando ce ne sono quattro (ovviamente ogni modulo ha i suoi pro e i suoi contro).

- **Coperture e scambi:** movimenti che devono essere automatizzati da tutti i giocatori, in modo che non appena il rivale ne supera uno, subito arrivi l'aiuto di un compagno di squadra. In questo modo l'avversario non può stare tranquillo dopo aver vinto un duello individuale.

- **Rientro:** azione che si compie quando, dopo una palla persa, l'avversario ha superato la prima linea di pressing. Tutti i giocatori devono occupare le posizioni difensive arretrate in blocco, in modo da non lasciare spazi dietro la difesa.

- ***Pressing:*** azione che viene eseguita su uno o più avversari con grande intensità, in modo da non lasciare loro alcuna libertà di azione. Vedremo in pratica due tipi diversi di pressing molto comuni.

- **Sorveglianza:** viene effettuata dai difensori sugli avversari, quando non c'è alcun tipo di marcatura.

- **Temporeggiamento difensivo:** viene effettuato con lo scopo di

ottenere un vantaggio sull'avversario in un determinato punto del campo di gioco, aspettando il momento opportuno per realizzare l'azione difensiva più appropriata.

Errori frequenti:

1. Spazio tra il terzino e il centrale: zona pericolosa che va coperta dal giocatore più vicino. È un problema che con il modulo a tre centrali si riduce notevolmente.

2. Poca compenetrazione tra due giocatori che non si trovano ben sfalsati, il che genera problemi, in quanto sarà più difficile realizzare coperture.

3. Grande responsabilità nel pressing da parte di entrambi gli attaccanti, che a volte non si trovano ben posizionati nel momento in cui la squadra recupera palla.

4. Superiorità dell'avversario sulla fascia, quando questi gioca con terzini e ali, quando l'Atletico schiera una difesa a tre. Ciò può essere compensato con l'aiuto di un centrocampista e con il buon lavoro di Hermoso e Savić, generalmente i centrali esterni, ma richiede molto impegno fisico.

TRANSIZIONE DIFESA-ATTACCO

- Si esegue un contropiede quando si recupera palla nella propria metà campo e l'avversario si trova in posizioni avanzate. Per farlo, gli attaccanti devono realizzare dei tagli in profondità per allungare la squadra. Se questi movimenti non vengono effettuati, non ci sarà altra scelta che proteggere il possesso palla.

- Se si recupera palla e non ci sono spazi per un contropiede, in quanto l'avversario è ben posizionato, si cerca di mantenere il possesso mediante un primo passaggio di sicurezza, per poi costruire un attacco organizzato.

- L'ideale sarebbe recuperare palla nella metà campo avversaria, poiché ci sono molti giocatori dell'Atletico che non rendono al meglio in contropiede; è preferibile quindi avanzare in spazi

ristretti piuttosto che in campo aperto, dove solitamente la difesa è più veloce e può così riuscire a recuperare più facilmente.

Errori frequenti:

1. Attaccanti mal posizionati e che non danno la possibilità di fare contropiede perché non riescono a smarcarsi.

2. Mancanza di profondità da parte di alcuni giocatori, per via delle loro caratteristiche fisiche.

3. Errata interpretazione della giocata; cioè, troppa fretta di andare in contropiede anche se non è la scelta migliore e sarebbe meglio fare un passaggio di sicurezza per non perdere palla.

CAPITOLO 3

MODULI DI GIOCO

> "È il modulo di gioco che deve essere flessibile e non la squadra. Se accade il contrario, si schiavizza il gruppo e si limita il gioco di molti giocatori".

È sconveniente incasellare una squadra in un solo schema, perciò in questo capitolo passeremo in rassegna e analizzeremo i moduli che maggiormente si sono potuti osservare negli ultimi anni dell'Atletico di Simeone. Ci soffermeremo brevemetente anche sul perché. Perché viene utilizzato quel modulo, in quel momento determinato? Intendendo per momento tutte le varianti da tenere in considerazione:

1. Con o senza palla.

2. Caractteristiche dei giocatori.

3. Contesto: rivale, risultato, momento della stagione, ecc.

4-4-2

Figura 11.

Questo modulo è stato il più utilizzato da Simeone come allenatore dell'Atletico e, in effetti, il 4-4-2 viene sempre associato a lui. Ma le cose sono cambiate nel tempo e all'interno di questa evoluzione del Cholo troviamo molte più alternative.

Come si può vedere in figura 11, l'Atletico è disposto in campo con un 4-4-2. Questo modulo consente una disposizione razionale nel campo di gioco e, inoltre, permette di avere una difesa equilibrata.

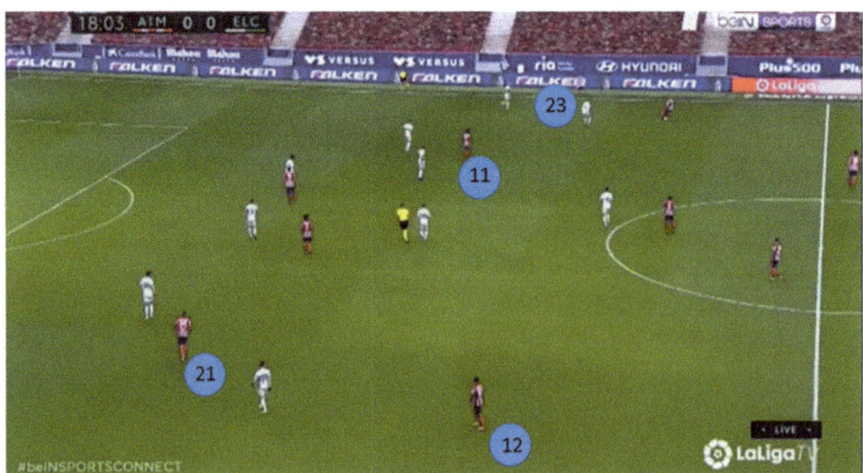

Figura 12.

D'altra parte, in attacco questo modulo ha molte varianti. Nella figura 12, si vede come le ali Carrasco (21) e Lemar (11) abbandonano la fascia per lasciare quello spazio laterale ai terzini, rispettivamente a Lodi (12) e Trippier (23).

4-3-2-1

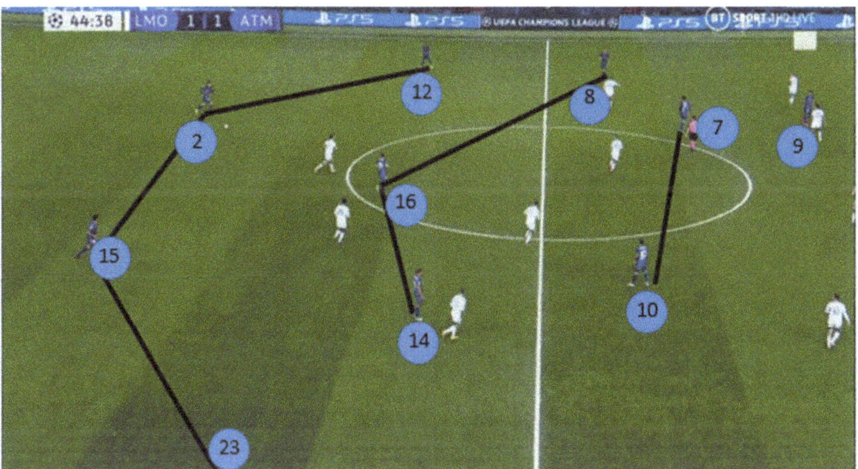

Figura 13.

Spesso abbiamo assistito anche a un 4-3-2-1 (figura 13). Si tratta di un modulo di cui non si parla molto e che possiamo definire ad "Albero di Natale".

- Difesa a quattro con Lodi (12) e Trippier (23) che danno ampiezza.

- Héctor Herrera (16) centrocampista, in mezzo a due giocatori di lunga data come Saúl (8) e Llorente (14).

- João Félix (7) e Ángel Correa (10) mezze punte.

- Luis Suárez (9) come giocatore più avanzato.

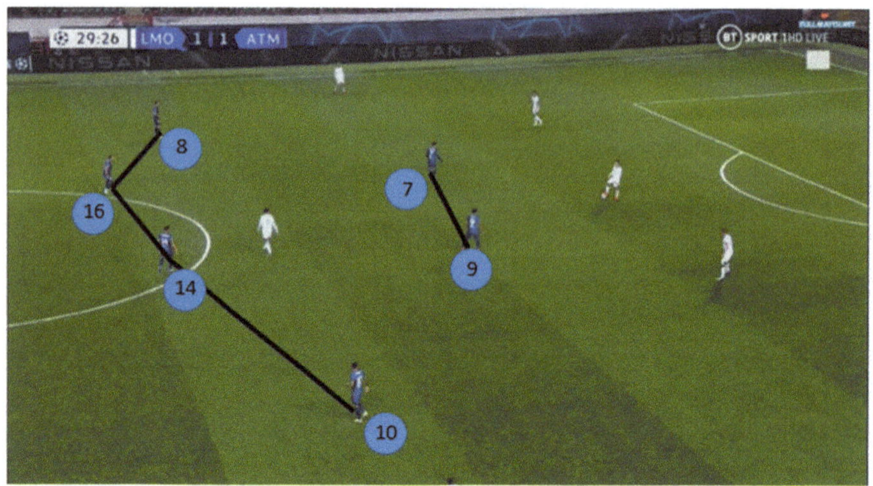

Figura 14.

Tuttavia, in difesa questo modulo tende a trasformarsi in un 4-4-2, con il quale l'Atletico si trova più a suo agio in fase difensiva. In questa partita (figura 14), Correa (10) è andato a difendere sulla fascia destra, mentre Saúl (8) ha fatto lo stesso a sinistra. È importante tenere presente che, anche nella stessa partita, è normale che il modulo vari tra la fase offensiva e la fase difensiva.

Perché avviene questo cambio di modulo?

- In attacco Correa (10) si sposta in posizioni più centrali per prendere palla e lasciare spazio a Trippier (terzino destro) che si inserisce benissimo in attacco. Lo stesso fa Saúl (8), lasciando spazio all'incorporazione di Lodi (terzino sinistro).

- Saúl (8) e Llorente (14) fungono da interni con una grande propulsione offensiva, sapendo di avere le spalle coperte da Herrera (16).

- In difesa, l'Atletico di Simeone è schierato con un 4-4-2 che gli permette di occupare al meglio gli spazi.

4-3-1-2

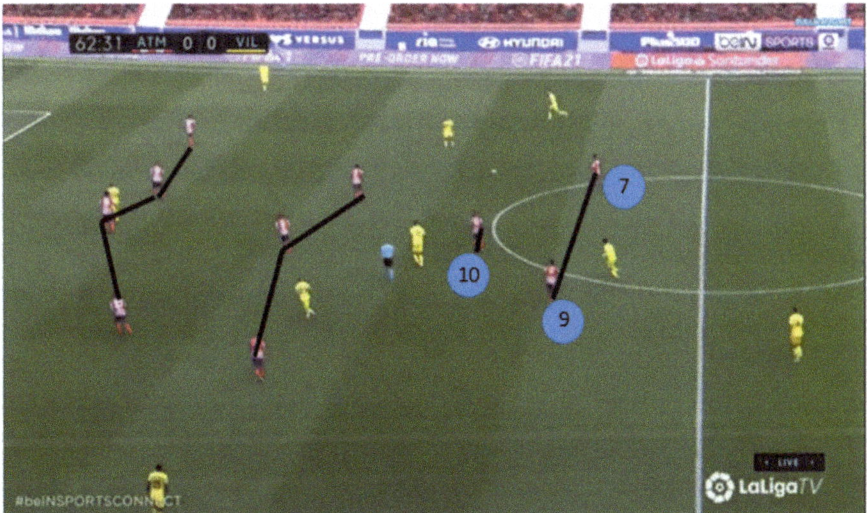

Figura 15.

Una disposizione simile a quella che abbiamo visto in precedenza (figura 15). Cercando la quadratura del cerchio, Simeone ha organizzato la sua squadra con un 4-3-1-2, con Correa (10) trequartista. In attacco, questo modulo somiglia molto al 4-3-2-1, dato che Félix (7), in molte occasioni, con i suoi movimenti verso la palla, potrebbe anche trovarsi alla stessa altezza dell'argentino.

Ma la differenza più significativa è nell'aspetto difensivo, poiché come si vede nella figura precedente, Correa si trovava ad un'altezza diversa rispetto agli altri centrocampisti, dato che era rimasto solo davanti ai tre compagni. Si tratta di un'ulteriore variante, che rende imprevedibile l'Atletico di Simeone.

5-3-2 IN DIFESA E 3-5-2 O 3-4-3 IN ATTACCO

Infine, è importante soffermarci du una delle novità più clamorose e di maggior impatto sulla squadra di Diego Pablo Simeone.

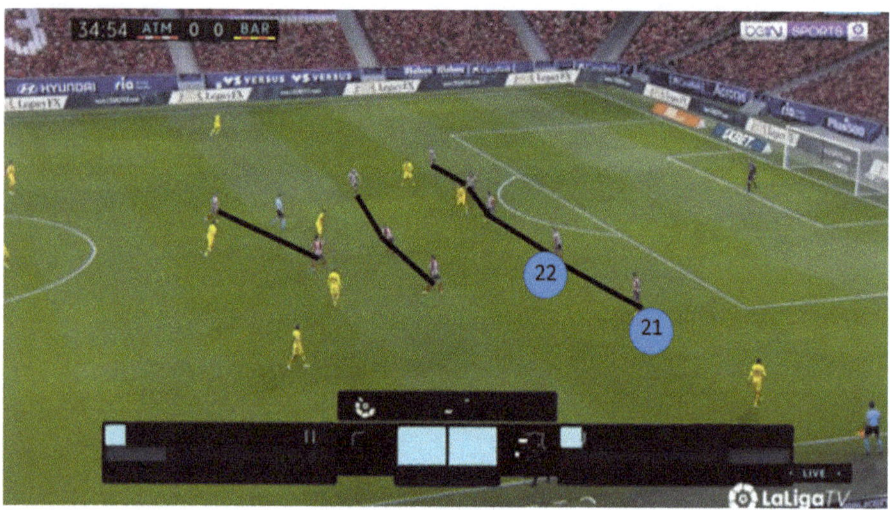

Figura 16.

Vediamo un 5-3-2 in fase difensiva (figura 16), quando Hermoso (22) è il terzo difensore centrale e Carrasco (21) è il responsabile dell'intera fascia. All'interno di questo modulo ci sono anche delle sfumature, visto che sulla fascia sinistra sono stati schierati anche altri giocatori come Vitolo, Saúl, Lodi e Lemar. Quali sono le caratteristiche di ciascun giocatore, che danno valore alle varianti?

- Vitolo e Carrasco offrono maggiore velocità e presenza in attacco.

- Saúl, Lodi e Lemar sono giocatori mancini naturali, che offrono un buon trattamento palla.

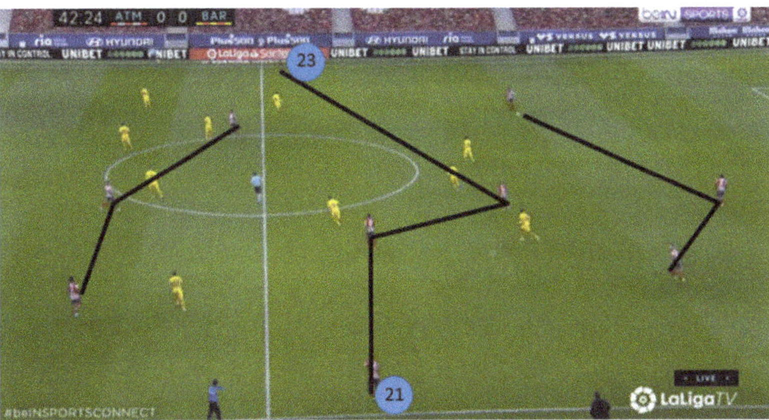

Figura 17.

Fase offensiva (figura 17), con l'incorporazione di Carrasco (21, ala sinistra) e Trippier (23, ala destra) e col movimento di Llorente, che attacca la profondità e si stacca; nella figura 16 si può vedere una sorta di 3-4-3 con molte varianti.

Questo è il modulo che più identifica l'Atletico in attacco, ma può anche essere definito come un 3-5-2, così come viene mostrato in figura 18.

Figura 18.

Ciò dipende da come viene interpretata la posizione di Llorente (14), poiché sia in fase difensiva che in fase offensiva parte dal centrocampo, per poi collocarsi come attaccante (figura 18). Confrontando le figure si può vedere come cambia il modulo dell'Atletico, a seconda del fatto che abbia o meno il possesso palla.

Per capire le varie possibilità che questo schieramento offre alla squadra di Simeone, è bene esaminare un incontro specifico, che ce le mostri chiaramente. Contro il Valencia nella stagione 2020/21, Lodi (12) ha iniziato come ala sinistra e ha giocato in quella posizione tutto il primo tempo. In un ruolo molto simile a quello di Carrasco contro il Barcellona, ad esempio, ma all'intervallo è stato sostituito e Lemar ha ha preso il suo posto. Questo sì che ha cambiato la squadra a livello difensivo, dal momento che non si tratta certo della stessa tipologia di giocatore.

Nei pochi minuti in cui l'ex Monaco si è trovato in quella posizione (poco dopo è entrato il belga), si è potuta vedere tutta la sua vocazione più offensiva, dando così ampiezza alla squadra. Tuttavia, per le sue caratteristiche gli è mancata presenza in difesa e a volte si è posizionato un passo avanti a Hermoso. La disposizione in campo ha quindi mostrato un'ulteriore opzione per la squadra di Simeone (figura 19).

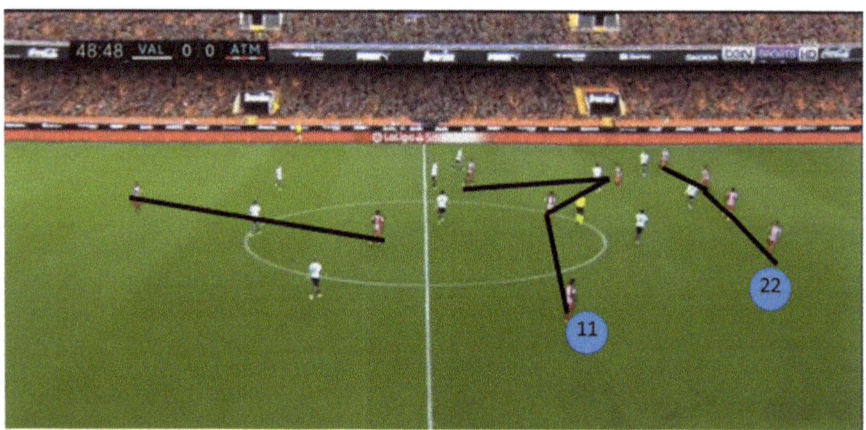

Figura 19.

Visto che Hermoso (22) non ha problemi a fare il terzino sinistro, Lemar (11) può risparmiare energia e può contribuire maggiormente in fase offensiva. Proprio a causa di questo tipo di situazioni specifiche, durante le partite della formazione biancorossa possiamo notare un'alternanza tra il 4-4-2 e il 5-3-2. A riguardo, vale la pena evidenziare l'interpretazione (quasi sempre) corretta di Hermoso (22) rispetto a ciò che gli richiede l'azione.

4-4-1-1

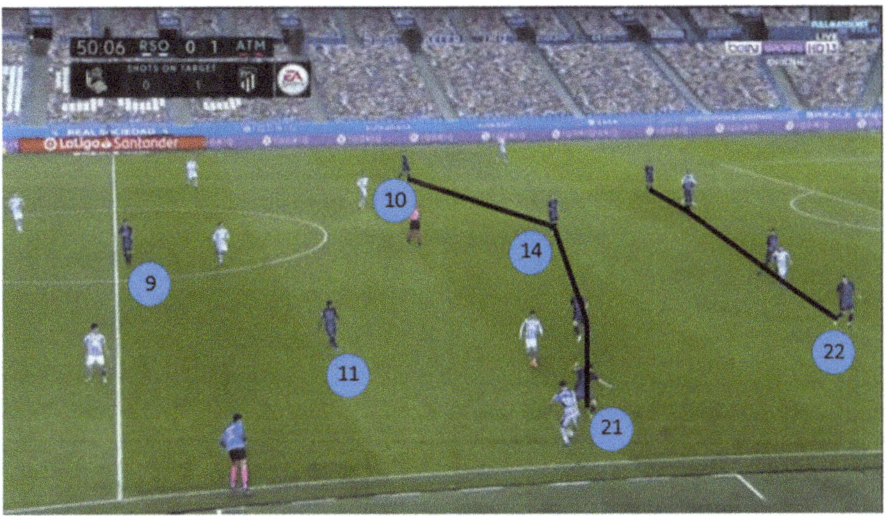

Figura 20.

Le varianti che offrono i giocatori a Simeone sono molteplici. Questa disposizione non è la più comune (figura 20), ma può essere sfoggiata in alcuni tratti di partite. Come ogni modulo, ha i suoi vantaggi e i suoi svantaggi. In positivo, serve a:

1. Liberare Carrasco (21) da compiti difensivi, con Hermoso (22) schierato da terzino.

2. Avvicinare Lemar (11) all'area avversaria, dove è più pericoloso.

Per quanto riguarda gli aspetti negativi, troviamo questi contro:

1. Correa (10) si allontana dall'area avversaria.

2. Llorente (14) ha più responsabilità a livello difensivo.

Tuttavia, non si tratta di una formula matematica. A seconda di ciò che la singola partita richiede, si possono sfruttare di più i vantaggi e fare in modo che gli svantaggi passino inosservati.

CONCLUSIONI

Non è necessario definire un unico modulo di gioco per ogni squadra, ma è molto più importante la capacità dell'allenatore di adattarsi ai suoi giocatori. E si è visto che Simeone sa come reinventarsi.

Queste continue modifiche rendono il gruppo del Cholo molto versatile e capace di adattarsi a diversi contesti. L'argentino cerca solo di incastrare i pezzi in modo tale che i principi e i sotto-principi tattici che vuole far padroneggiare ai suoi giocatori, si riflettano nel miglior modo possibile sul campo.

CAPITOLO 4

ATTACCO ORGANIZZATO

> Guardiola: "L'intenzione non è muovere la palla, è far muovere l'avversario".

ZONA D'INIZIO

Situazione 1: inizio azione con difesa a 4 – rimessa dal fondo

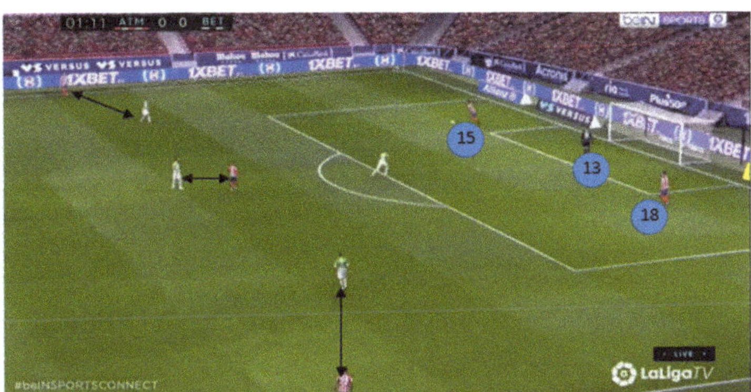

Figura 21.

In questa partita (figura 21), il sistema di gioco dell'Atletico non si era ancora evoluto a quello con tre difensori centrali, quindi si tratta

di una situazione di inizio azione con la difesa a quattro. Tuttavia, i meccanismi per la rimessa sono gli stessi fino a quando il pallone viene gestito dai centrali.

In situazioni come questa, la squadra di Simeone preferisce non rischiare, nonostante la superiorità di tre contro uno in area, con Savić (15), Felipe (18) e Oblak (13). Di fronte all'attaccante del Betis che copre la linea di passaggio tra i difensori e il buon pressing dei tre centrocampisti avversari, Savić (15) preferisce effettuare un lancio lungo.

Situazione 2: inizio azione con difesa a quattro – dfensori centrali in possesso palla

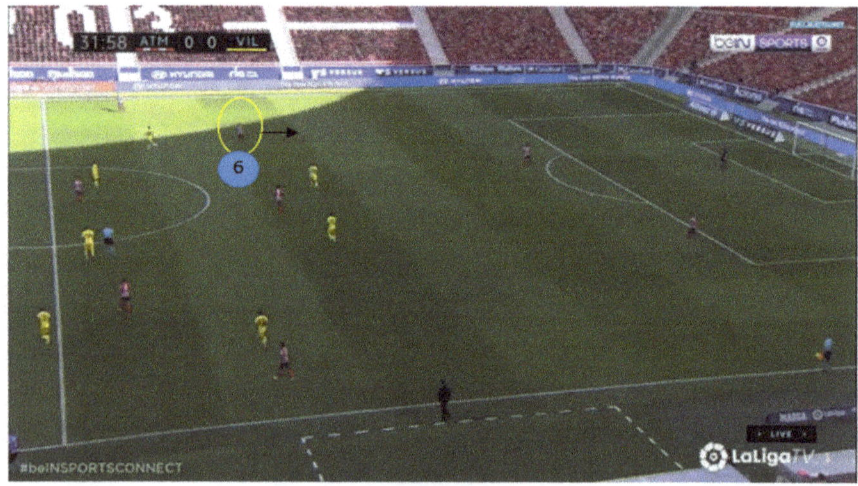

Figura 22.

Quando l'avversario rientra in blocco medio-basso, l'Atletico inizia la fase offensiva cercando un'azione elaborata (figura 22). Per fare ciò, quando schiera la difesa a quattro, è molto comune che un giocatore dal piede buono, in questo caso il centrocampista Koke Resurreción (6), cerchi un appoggio per ricevere palla e realizzare così una ripartenza fluida e in superiorità numerica.

Situazione 3: ripartenza con difesa a tre – rimessa dal fondo

Figura 23.

Nelle rimesse dal fondo, quando sono schierati tre centrali, la squadra di Simeone si dispone in questo modo (figura 23). La disposizione è la stessa anche con difesa a quattro (figura 20 della situazione 1). L'Atletico prova a giocare corto, ma se il pressing dell'avversario è efficace, non ci sono problemi a cercare una ripartenza veloce.

L'immagine 23 ci serve per notare come cambia la disposizione quando i centrali hanno il controllo del pallone. Il movimento di Hermoso (22) per formare la linea a tre è il più significativo a livello tattico ed è ciò che crea incertezza nell'avversario.

Situazione 4: inizio azione con difesa a tre – difensori centrali in possesso palla

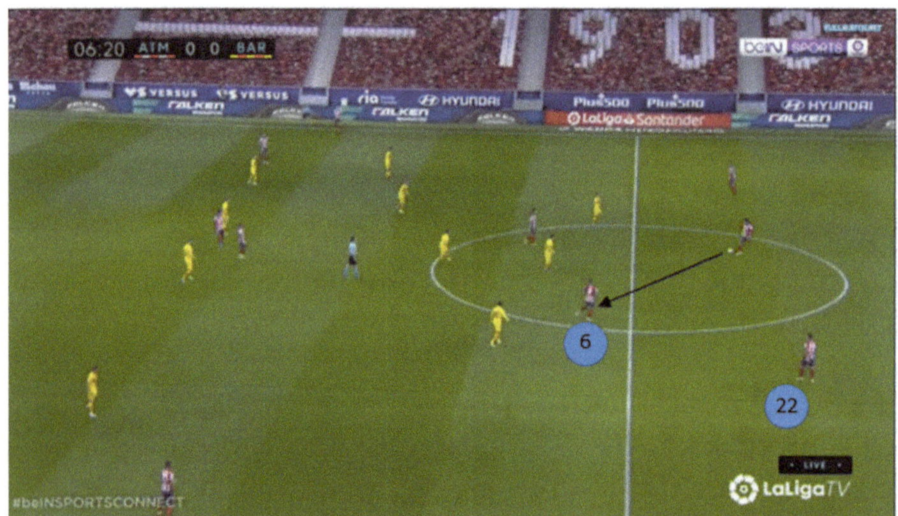

Figura 24

In vari momenti del ciclo di Simeone all'Atletico, la squadra non si sentiva particolarmente a suo agio all'inizio dell'azione, quando i difensori centrali avevano la palla. Questo è uno dei motivi principali per cui il Cholo ha cercato nuove varianti, e nel modulo con la difesa a tre ha riscontrato parecchi miglioramenti. Affrontare queste situazioni con superiorità numerica inizio azione, dà all'Atletico una maggiore tranquillità e maggiori probabilità che la palla raggiunga la zona di creazione in buone condizioni.

Questo modo di iniziare l'azione è noto come "salida lavolpiana" (il cui nome deriva dall'allenatore Ricardo La Volpe, che nella sua carriera si è dedicato a fornire ai suoi giocatori automatismi come questo) o uscita a tre. È un concetto usato nel calcio per riferirsi all'inizio della fase offensiva di una squadra che in prima linea schiera tre difensori allargati e con i terzini che si posizionano larghi in un secondo livello, in una zona più vicina al centrocampo.

La salida lavolpiana non viene associata a nessun modello di gioco in particolare. È stata ben eseguita con stili molto diversi tra loro (stile combinativo o di contropiede, per esempio, e sia da squadre che hanno segnato un'epoca, che da altre più modeste). C'è però da dire che presenta uno spiccato carattere combinativo.

Sebbene ci siano diverse varianti tra i tre giocatori che si trovano in prima linea (si può eseguire partendo da un modulo a tre centrali, può essere formato con uno dei terzini, con il centrocampista tra i difensori o con un interno, tra le varie alternative), Simeone utilizza generalmente una linea a tre centrali.

Se Hermoso (22) gioca da difensore centrale sinistro, si trova già in quella posizione; se invece parte da terzino, deve solo cambiare leggermente la sua posizione, per raggiungere l'altezza degli altri due difensori. Nello stesso momento in cui vengono eseguiti questi movimenti, i terzini si allargano e si posizionano più avanti rispetto alla loro posizione iniziale.

In questa situazione (figura 24), un giocatore dal piede buono (Koke, 6), appena lo ritiene opportuno va a supportare la linea a tre, per ottenere una maggiore superiorità numerica nell'uscita della palla. Per fare questo, si allontana dal marcatore, in un movimento che crea spazio tra le linee avversarie, facilitando l'avanzata. Questo movimento è noto come "attrarre per allungare", vale a dire, un avversario segue quello smarcamento liberando spazio dietro di sé.

Situazione 5: inizio azione con difesa a tre – alternative per avanzare

Una volta che l'Atletico si dispone con la difesa a tre, ci sono molte possibili varianti per proseguire l'azione offensiva. Le più comuni sono le seguenti:

Passaggio filtrante a compagni vicini

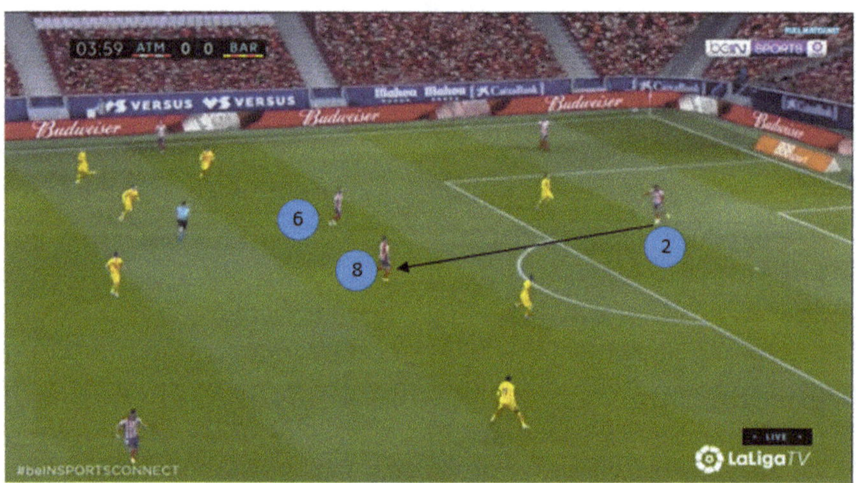

Figura 25.

Passaggio del centrale Giménez (2) all'ala mancina Saúl (8) dopo uno smarcamento in appoggio (figura 25). Sia Saúl (8) che Koke (6), con i loro movimenti intelligenti, sono spesso una buona opzione di passaggio, dal momento che è difficile trovare avversari che pressano così in alto in blocco, senza lasciare alternative per avanzare. Anche se non sono frequenti, ci sono e li vedremo più avanti.

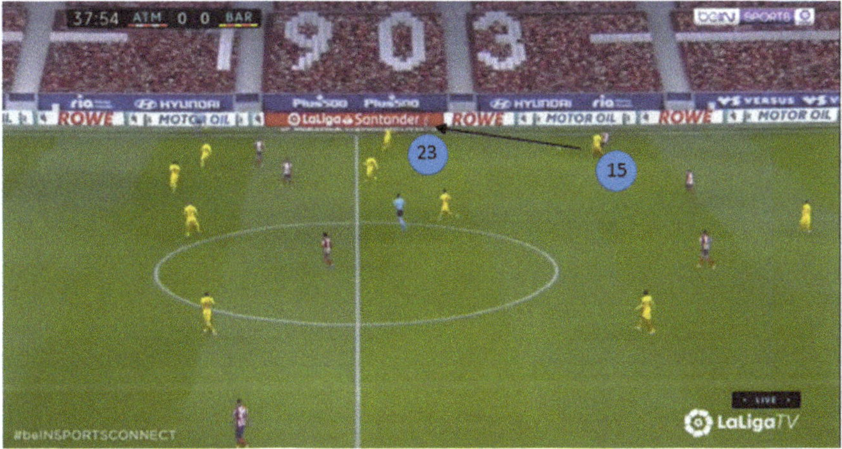

Figura 26.

Nella figura 26, il centrale destro Savić (15) serve l'ala destra Trippier (23). Si tratta ancora di un passaggio a un giocatore vicino e anche questa, di solito, è un'opzione abbastanza cercata. Avviene lo stesso anche sulla fascia sinistra.

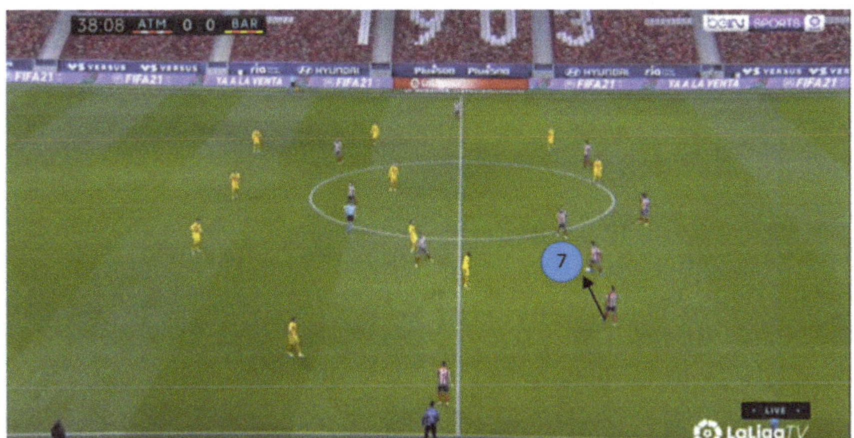

Figura 27.

Un altro passaggio a un giocatore vicino può coinvolgere João Félix (7), che generalmente gioca da punta, ma spesso ritorna per ricevere vicino alla difesa (figura 27). Nonostante il portoghese sia un

attaccante, in situazioni del genere opera in zona di creazione come centrocampista.

Passaggio a compagni distanti

Figura 28.

In questo tipo di azioni risulta importante la conduzione della palla da parte dei centrali esterni (generalmente Savić ed Hermoso), che si muovono fino a dividersi, cercando poi il passaggio. Ne parleremo più avanti.

Nel caso in figura 28, il centrale sinistro Hermoso (22), uno dei giocatori con la migliore visione di gioco e miglior tocco della squadra, riesce a raggiungere l'attaccante destro Correa (10) con un passaggio filtrante. Per trovare un compagno di squadra distante è fondamentale il posizionamento degli altri giocatori, come si vede con Carrasco (21), Lemar (11) e Félix (7), che sono marcati da un avversario e in questo modo aprono un corridoio per il lancio.

In ampiezza

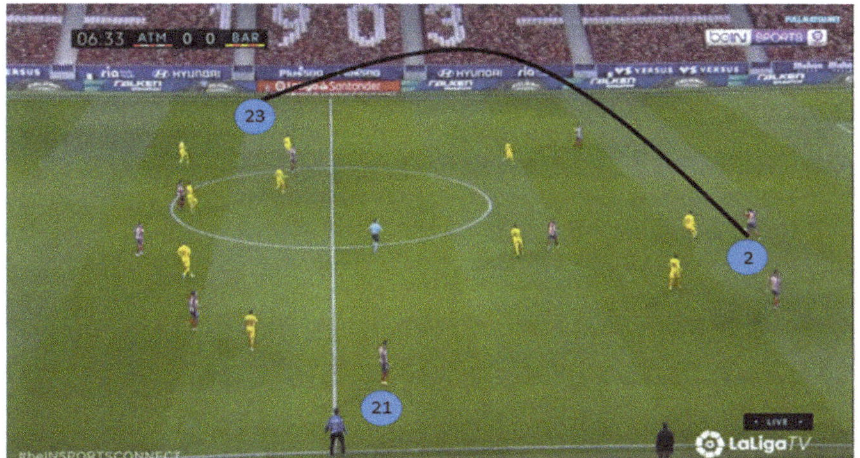

Figura 29.

In questa situazione di pressing aggressivo da parte dell'avversario (figura 29), l'Atletico ha cercato di sfruttare l'ampiezza che gli forniscono le ali sulla fascia, sia Trippier (23) che Carrasco (21). È una grande risorsa in questo tipo di situazione, poiché nonostante sia molto probabile che la palla raggiunga il destinatario, nel caso ciò non dovesse accadere, la palla persa avverrebbe comunque lontano dalla propria porta. In questi casi è importante il principio del cambio di direzione.

Situazione 6: confronto rimessa dal fondo – giocata dai centrali – difesa a 3

Figura 30.

Abbiamo già visto in precedenza che avviene un cambio di posizioni nel frangente tra la rimessa dal fondo e i centrali che entrano in possesso della palla, ma questa serie di immagini ci permette di capire meglio i vari movimenti e il loro perché. Quando Oblak deve rimettere in gioco dopo un'interruzione, la disposizione abituale dell'Atletico di Simeone è quella mostrata in figura 30. Hermoso (22) inizia da terzino sinistro e Vitolo (20), che è l'ala mancina, non compare nemmeno nell'immagine, in quanto è molto avanzato per dare profondità e ampiezza alla squadra. Il terzino destro, Trippier (23), è colui che invece si allunga sulla fascia destra, ma qui è più vicino ai centrali che al numero 20.

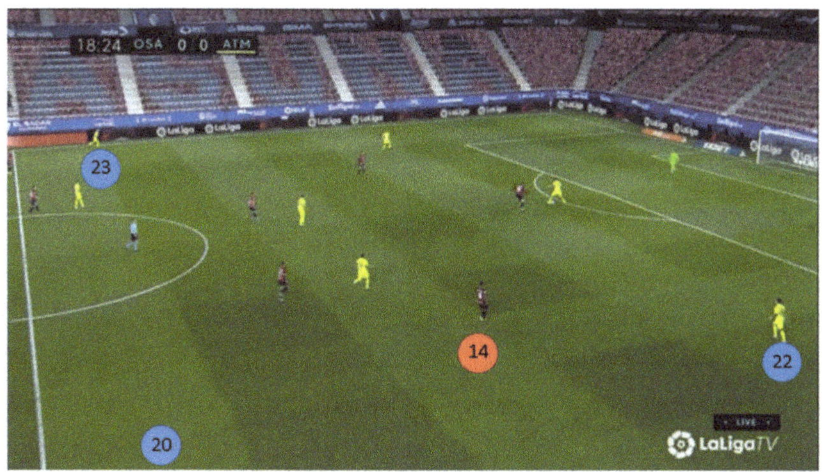

Figura 31.

In entrambe le immagini, sia nella 30 che nella 31, si vede in primo piano l'ala destra dell'Osasuna, Rubén García (14). Questo perché non sa bene se andare a pressare su Hermoso (22), quando questi indietreggia per facilitare l'inizio azione dell'Atletico.

1. Se García (14) decide di andare su Hermoso (22), il rischio è alto, visto che ci sarà una giocatore in meno a centrocampo e questo potrebbe essere sfruttato da un centrocampista, o anche da un giocatore come João Félix, per ricevere palla.

2. Se invece García (14) decide di mantenere la sua posizione, il rischio è minore, ma l'Atletico si ritroverebbe in netta superiorità numerica.

La scelta dipende dall'interpretazione dell'allenatore avversario e dal calciatore stesso, ma è evidente che si tratta di una situazione che Simeone ama sfruttare grazie alla versatilità e al buon piede di

Hermoso. I terzini, nella figura Trippier (23) e Vitolo (20), hanno anche qui il compito di fornire ampiezza, un passo avanti alla linea difensiva.

Situazione 7: rimessa dal fondo – rinvio lungo

Figura 32.

L'Atletico Madrid di solito cerca di iniziare l'azione controllando il pallone sin da dietro; tuttavia, se l'avversario presenta un pressing organizzato, è abbastanza probabile che gli uomini di Simeone non rischino troppo. Quindi Oblak (13) effettua generalmente un rinvio lungo per cercare di avere la meglio nello scontro aereo. Se ciò non si verifica, cercheranno comunque di controllare la seconda giocata grazie a un buon posizionamento del resto dei giocatori.

Nella partita contro l'Osasuna, ad esempio (figura 32), si è potuta osservare perfettamente questa variazione, in gran parte causata dai meccanismi di pressing ormai automatizzati della formazione di Jagoba Arrasate.

Figura 33.

Contro il Cadiz, come vediamo in figura 33, si è verificata la stessa situazione, anche se il risultato (3-0) poteva indurre a giocare più da dietro. Ma questo (il non correre troppi rischi e cercare la verticalità), è un altro tratto distintivo di Diego Pablo.

In questa evoluzione, l'Atletico è arrivato ad avere più possesso palla, fare più passaggi e controllare di più il gioco. Ma nella propria metà campo e davanti a un avversario che pressa in modo organizzato, gli uomini di Simeone non forzano le ripartenze.

Anche se può non piacere, è una scelta abbastanza coerente: la linea difensiva non si caratterizza propriamente per una buon controllo del pallone, al di là del già citato Hermoso. Oblak, Savić e Giménez sono grandi giocatori, ma si distinguono di più per altri aspetti.

Questo è ciò che determina un grande allenatore, sapere dove rischiare e dove no. Il Cholo intende assumere rischi nella metà campo avversaria, ma nella sua cerca di ridurli al minimo.

Situazione 8: inizio azione – modulo avversario uguale a quello dell'Atletico Madrid

Figura 34.

In alcune partite, l'Atletico può anche dover far fronte a un modulo identico al suo. Ad esempio, è successo contro il Bayern, che sorprese tutti cambiando modulo contro la formazione biancorossa, schierando tre centrali e due uomini sulle fasce.

Tuttavia, abbiamo potuto osservare una modifica nella formazione del Cholo, che gli è servita per creare diversi vantaggi. Ci basta analizzare l'altezza in campo delle due ali (figura 34):

1. Trippier (23) è arretrato per attirare l'ala avversaria, movimento che ha liberato spazi dietro di lui, di cui hanno approfittato sia

Llorente (14) che Correa (10).

2. Carrasco (21), invece, ha avanzato la sua posizione e l'ala destra del Bayern si è accoppiata con lui. Questo ha creato spazio che ha permesso a Felix (7) di ricevere più palloni.

C'è da dire che molti di questi movimenti potrebbero corrispondere più alla zona di creazione che a quella di costruzione; li relazionamo invece all'inizio azione, per via di questa differenza di altezza nelle posizioni di Trippier (23) e Carrasco (21).

Situazione 9: inizio azione – contro un pressing alto

Figura 35.

Come abbiamo visto, l'Atletico cerca di ripartire facendo possesso palla, ma di fronte a un pressing aggressivo e in blocco, come quello

del Real Madrid, ha più difficoltà a superare la prima linea (figura 35). Il giocatore che agisce meglio in questo tipo di situazioni è Hermoso (22), che ha la capacità di effettuare passaggi filtranti oltre la difesa. Quindi, se gli avversari riescono a marcarlo bene, diventa complicato per gli uomini di Simeone realizzare un'avanzata fluida.

CONCLUSIONI

Dobbiamo evidenziare il netto miglioramento avvenuto nell'inizio azione con i tre centrali. Simeone sta fornendo meccanismi molto interessanti alla sua squadra, e questo ne è un esempio, con le ali più profonde e una superiorità numerica grazie ai tre difensori.

A livello individuale, è necessario sottolineare il contributo di Hermoso: la sua buona gestione della palla è essenziale per superare le linee di pressing, attraverso passaggi e conduzione.

ZONA DI CREAZIONE

Situazione 1: zona di creazione – ricezione comoda di João Félix

Questa situazione è la più degna di nota in questo "nuovo" Atletico di Simeone, poiché è quella che fa più la differenza ed è anche una delle più ricorrenti. Félix è il giocatore in rosa con la più grande capacità di inventiva grazie al suo talento, cosa che ha fatto capire all'argentino che più accentra il gioco su di lui, più pericolosa sarà la squadra in attacco.

Nella figura 36, vediamo una mappa termica con l'area in cui, grazie agli automatismi creati, il portoghese riceve più frequentemente.

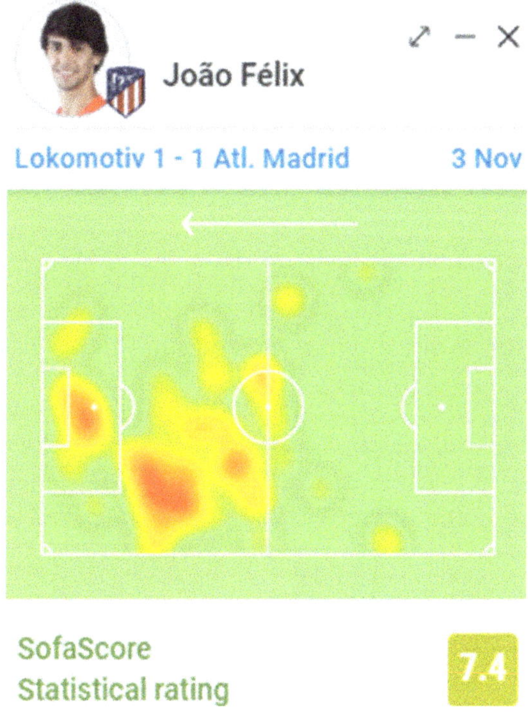

Figura 36.

Questo è l'insieme degli interventi di Félix contro il Lokomotiv. In quella partita gli è mancato solo il gol e ha giocato un'ottima partita, in cui praticamente tutto il gioco della squadra è passato dai suoi piedi.

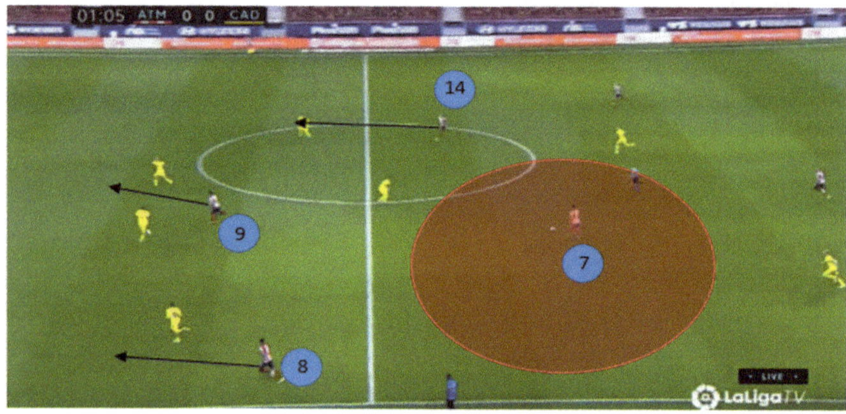

Figura 37.

Ora che abbiamo visto dove João Félix (7) riceve palla più frequentemente, possiamo analizzare come ciò viene reso possibile dai movimenti dei suoi compagni di squadra (figura 37).

1. Suárez (9) attrae i due difensori centrali avversari, cosa che sa fare molto bene. In questa situazione vediamo che Suárez allunga la difesa attaccando in profondità, con un movimento che lascia molti spazi tra la linea difensiva e i centrocampisti del Cadiz.

2. Saúl (8) e Llorente (14) fanno la loro parte, con i due terzini avversari.

Di conseguenza, lo spazio che il Cadiz deve difendere tra i difensori e i centrocampisti è enorme. E Felix lo sa sfuttare al massimo: ci riesce con successo, poiché iniziando da spalla di Suárez, risulta impercettibile per gli avversari ed è quindi in grado di inserirsi negli spazi generati dai movimenti dei suoi compagni di squadra. Poi, una volta ricevuta palla in posizione di vantaggio, le possibilità di rendersi pericoloso crescono in maniera esponenziale.

Situazione 2: zona di creazione – ricezione scomoda di João Félix

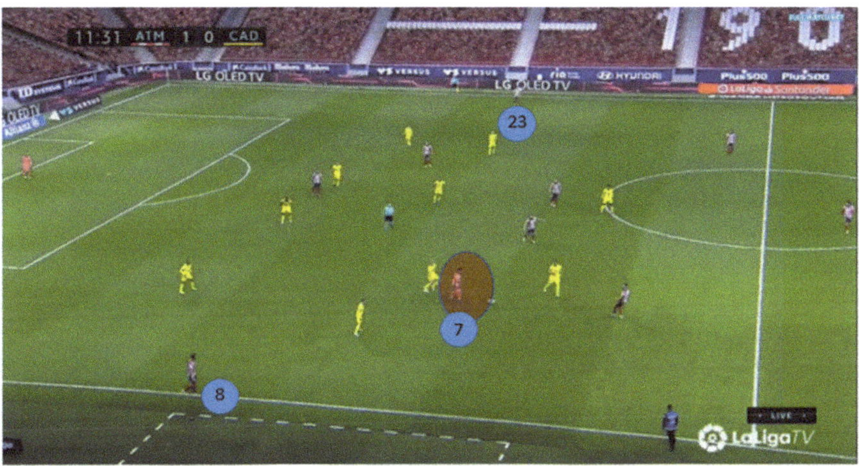

Figura 38.

João Félix (7) non può essere sempre posizionato in una situazione di superiorità numerica. In questa azione (figura 38), il Cadiz si trovava con una difesa bassa, cosa abbastanza comune per la formazione andalusa, e che rende difficile per il portoghese ricevere palla in vantaggio e con molti spazi intorno a sé. Ciononostante, i suoi movimenti sono sempre interessanti: in questa azione ha dovuto disfarsi del pallone al primo tocco, a causa del pressing dell'avversario; ma si può vedere dalla figura 38 come alle spalle del suo marcatore ha generato un notevole spazio.

Vale anche la pena notare che ci sono sempre due giocatori a dare ampiezza sulla fascia: in questo caso sono Saúl (8) e Trippier (23).

Situazione 3: zona di creazione – scambio di ruoli

Figura 39.

In seguito all'evoluzione vissuta, lo scambio di ruoli è un altra caratteristica raggiunta dalla squadra di Simeone. Cerchiamo però di conterstualizzarlo meglio. La partita in figura 39 è la prima della stagione 2020/21 da titolare per Hermoso (22), mentre Carrasco (21) è entrato nell'intervallo al posto di Lemar.

Quel giorno lo spagnolo ha giocato da terzino sinistro e non nel ruolo di terzo difensore centrale, che invece è arrivato a svolgere dopo i cambi. Ecco perché in alcune occasioni, come vediamo in figura 39,

Hermoso si è unito all'attacco, favorito dal movimento di Carrasco (21) che ha lasciato la fascia cercando di ricevere in zone più interne. In questa occasione, per mezzo di uno smarcamento in profondità, il belga ha ricevuto un buon pallone dal difensore ex Espanyol.

Figura 40.

Nel corso del campionato c'è stato un evidente cambiamento dovuto all'evoluzione dell'Atletico di Simeone. E non solo nel modulo, che in fin dei conti non è la cosa più importante, ma anche nel ruolo dei diversi giocatori.

Con la linea a tre, Carrasco (21) è colui che dà ampiezza, mentre Hermoso (22) funge da centrale mancino, in posizione più interna (figura 40). Un automatismo frequente consiste in una conduzione della palla dello spagnolo fino ad attirare a sé gli avversari e così liberare spazi, con Carrasco (21) sulla fascia per allargare il campo.

Situazione 4: zona di creazione – scambi di posizione

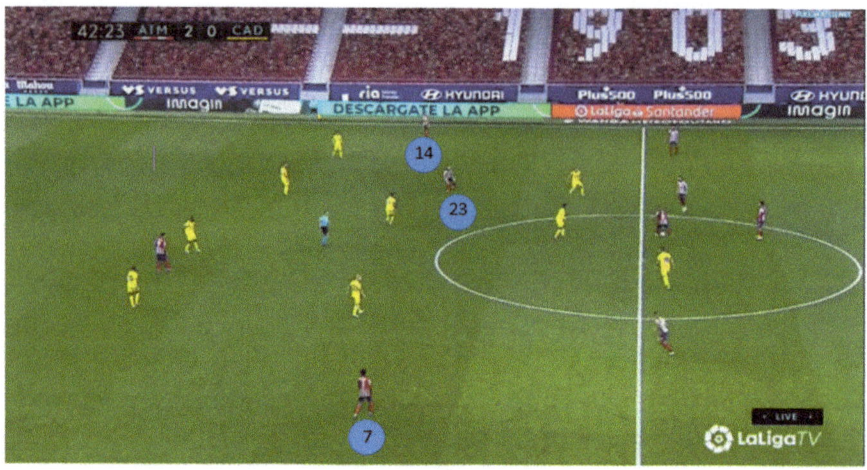

Figura 41.

Quello che si vede in figura 41 non è abituale, ma può verificarsi. Vista la situazione della partita, Trippier (23) si è trovato in una posizione più interna e Llorente (14) si è reso conto che la cosa migliore era occupare la fascia lasciata libera dal terzino inglese, in modo da avere più possibilità di ricevere e per far sí che la squadra mantenesse ampiezza sulla fascia destra.

È uno di quei movimenti che non devono essere costantemente allenati, ma dipende maggiormente dall'interpretazione dei vari giocatori e dalle loro decisioni del momento. Nella parte inferiore della figura 41, vediamo qualcosa di più consueto, ovvero uno spostamento di João Félix (7) verso il lato sinistro, cercando di stabilirsi in quella zona del campo.

Situazione 5: zona di creazione – Koke Resurrección

Oltre alla sua importanza nella fase di costruzione, alla sua grande visione di gioco e al suo supporto per dare fluidità alle ripartenze, Koke è fondamentale anche in zona di creazione.

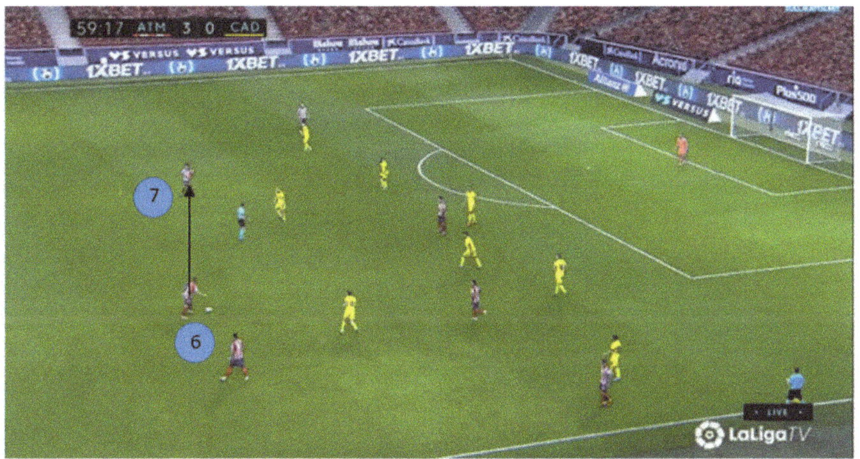

Figura 42.

In questa azione (figura 42) si può vedere come Koke (6) è colui che dirige l'attacco della squadra. Vedendo il gioco a testa alta e dal centro del campo, cerca sempre (e generalmente ci riesce) l'opzione migliore. Nell'azione in figura 42, ha concluso passando il pallone a João Félix (7). Lo spagnolo è così fondamentale perché, oltre alla capacità di prendere buone decisioni, ha anche una grande visione di gioco; un dettaglio non da poco, dal momento che si può ritrovare avversari da tutte le parti.

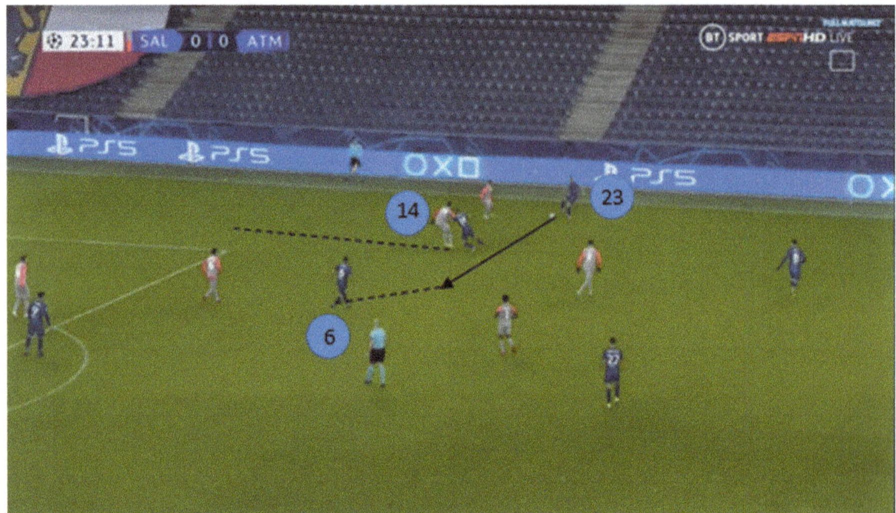

Figura 43.

Koke (6) è anche in grado di sfruttare gli spazi generati dai suoi compagni, quando questi cercano di smarcarsi. In questo caso (figura 43), Llorente (14), dopo un taglio di Trippier (14), ha provato a effettuare il suo consueto passaggio in profondità; ma essendo il compagno ben marcato, ha deciso di dare continuità al possesso palla giocando con Koke (6), che ha fatto un appoggio corto.

Situazione 6: Luis Suárez attirando i centrali

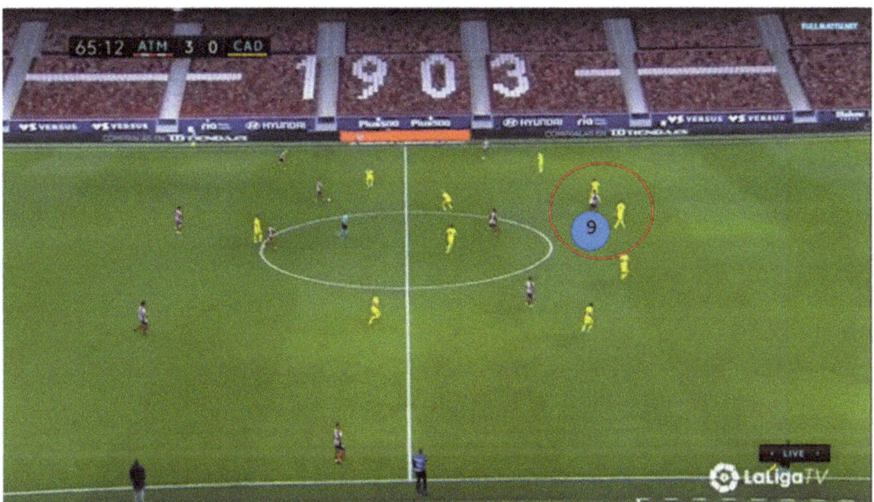

Figura 44.

I movimenti per ricevere palla sono tanto importanti quanto quelli fatti sapendo che il pallone non verrà ricevuto. Questo è essenziale, in quanto si tratta di movimenti che rendono l'attacco molto più semplice. Inoltre, prima o poi, quello stesso giocatore verrà premiato.

Nella figura 44, vediamo come Suárez (9) attira a sé due marcatori, il che crea spazio per João Félix dietro i centrocampisti rivali. Aumentando la distanza tra le linee, diventa complicato difendere per la squadra avversaria. L'uruguaiano, oltre ad essere un grande realizzatore, si districa perfettamente in questo aspetto del gioco.

Situazione 7: coppia di attaccanti senza la creatività di João Félix e la mobilità di Ángel Correa

Figura 45.

A parte la capacità specifica di Marcos Llorente (14) di attaccare in profondità e quella di Luis Suárez (9) di liberarsi dei centrali e cercare situazioni da gol, l'Atletico ha una risorsa molto efficace combinando le abilità di entrambi. Partiti entrambi come attaccanti, hanno dimostrato una buona intesa, come si è visto soprattutto nel quarto gol dell'Atletico contro il Granada (figura 45).

- Llorente (14) attacca gli spazi alla grande, partendo da attaccante e avvicinandosi di più al gol (la partita ad Anfield ne è l'esempio migliore).

- Suárez (9) si integra bene con qualsiasi partner offensivo: cercando di portare i suoi avversari fuori posizione, riesce a dare un vantaggio a entrambi. Inoltre, è il realizzatore più pericoloso dell'Atletico.

Grazie alla combinazione di questi punti di forza, per Simeone si tratta di un'ottima opzione come coppia di attaccanti.

Situazione 8: Thomas Lemar e le sue varianti

Figura 46.

Tra gli attaccanti, Lemar (11) è sicuramente il più versatile. Tanto per cominciare, in assenza di João Félix, è in grado di assumere un ruolo simile al suo, come si è visto nella partita contro il Valencia (figura 46), in cui il portoghese era assente nel primo tempo. Llorente (14) ha cercato di far allungare la squadra avversaria e Koke (6), è quasi riuscito a liberarsi; con Saúl (8) più arretrato per dare protezione contro eventuali palle perse, in questo modo si sono creati degli spazi per far sì che il francese (11) potesse ricevere palla.

Figura 47.

Come si può vedere in figura 47, Lemar (11) si è anche ritrovato con molta libertà di movimento, in ogni zona del fronte d'attacco: il terzino destro Trippier (23) si è incorporato in una posizione più interna per dare al francese libertà, tempo e spazio per ricevere.

Figura 48.

Più avanti nella partita, nel momento captato in figura 48, Lemar (11) stava ancora giocando in posizione di terzino sinistro, senza però perdere influenza in attacco. Grazie alla sua grandi doti tecniche e buona visione di gioco, è stato un elemento molto importante per dare fluidità al gioco. In questa situazione si è persino scambiato di posizione, momentaneamente, con Hermoso (22), per entrare in contatto con la palla.

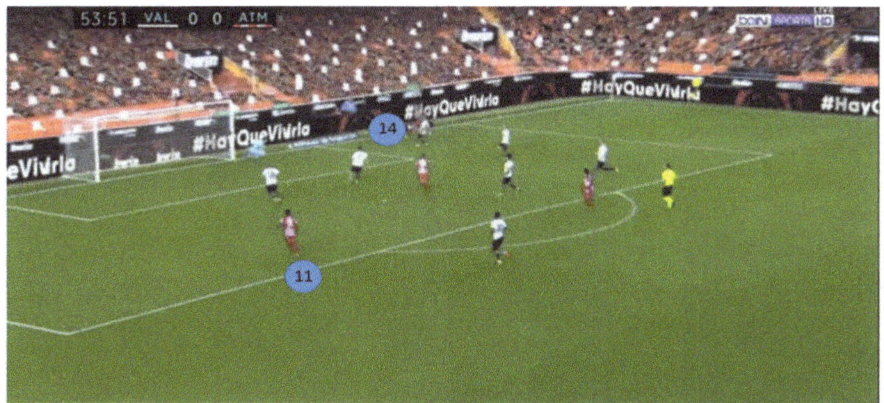

Figura 49.

E solo 14 secondi dopo, Lemar (11) ha avuto una grande occasione in area (figura 49). Ecco due situazioni tipiche dell'Atletico Madrid di Simeone:

- Llorente (14) raggiunge la linea di fondo dopo aver attaccato in profondità.

- Il terzino (in questo caso, l'ala) del lato opposto, Lemar (11), si fa vedere in area di rigore.

Quest'ultima situazione (figura 49) è una giocata d'attacco in area di rigore. Ma ho ritenuto opportuno includerla in questo capitolo, per poter apprezzare la sequenza complessiva di questa azione, iniziata dallo stesso Lemar.

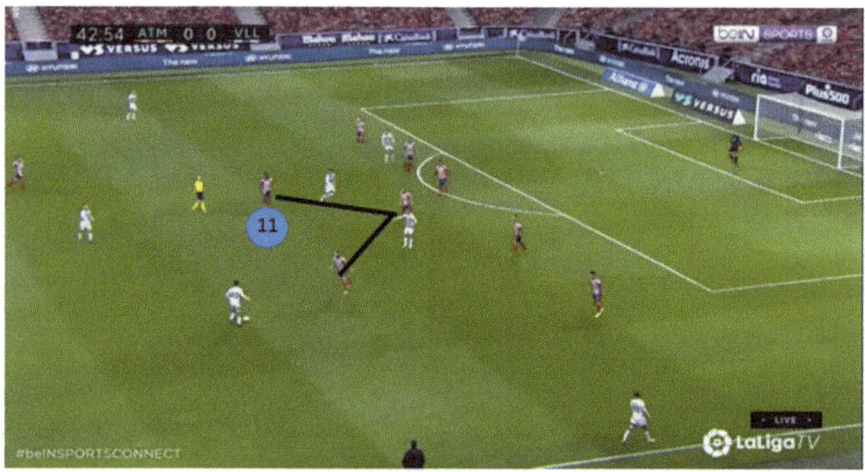

Figura 50.

Oltre a giocare da ala e da attaccante, Lemar può anche svolgere il ruolo di centrocampista interno o di trequartista, come è successo nel primo tempo contro il Valladolid. In questo nuovo ruolo è stato una pedina fondamentale nell'evoluzione della squadra di Simeone, con prestazioni di altissimo livello. La figura 50 mostra chiaramente la posizione che occupava quel giorno: era uno dei tre centrocampisti davanti alla linea difensiva. L'azione si svolge in fase difensiva, ma mostra un momento della ripartenza.

Figura 51.

In fase offensiva il suo posizionamento è stato analogo, anche se con molta libertà di movimento tra le linee. Da quella posizione centrale, Lemar (11) concentra su di sé tutto il gioco offensivo.

Il suo caso merita un plauso per Simeone, per come è riuscito a far attivare tante pedine diverse e per come ha trovato posizione per il francese. Inoltre, le opzioni tattiche sono numerosissime. Certo bisogna considerare che tipo di giocatori sono Lemar e Llorente, che di solito occupano quella posizione e che dimostrano grande versatilità.

Situazione 9: centrale nella zona di creazione – modulo a tre centrali

Figura 52.

Con tre centrali, è molto frequente che uno di loro avanzi ed entri nella metà campo avversaria con la palla al piede. Come abbiamo visto, una delle grandi abilità di Hermoso (22) è portare palla fino a dividere, come possiamo vedere in figura 52. Si tratta di un'ulteriore risorsa per le ripartenze dell'Atletico, in cui lo spagnolo finisce per aggiungersi ai

centrocampisti nella zona di creazione. Nella maggior parte dei casi queste azioni vengono condotte da Hermoso, anche se, un po' per il modulo e un po' per la fiducia che ha acquisito al riguardo, anche Savić le esegue spesso.

Questi tipi di azioni si verificano principalmente per due ragioni:

- Interpretazione del centrale che porta palla fino a dividere, attirando gli avversari su di sé e generando spazi in altre zone del campo.

- Superiorità numerica dei difensori contro gli attaccanti avversari, il che consente la realizzazione di azioni come questa.

È una giocata che, ovviamente, è strettamente legata anche alla zona di costruzione.

Situazione 10: la funzione dei terzini

Contro una squadra che risponde agli stimoli (fa pressing sul terzino).

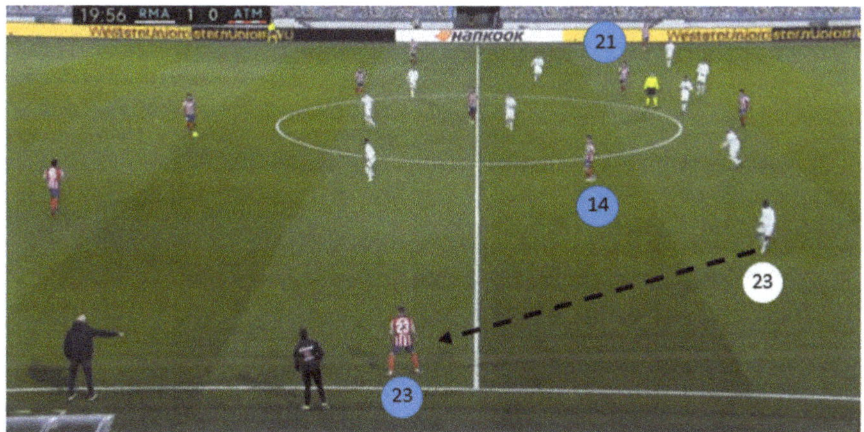

Figura 53.

È interessante notare come Trippier (23) e Carrasco (21) giochino ad altezze diverse a seconda di come difende l'avversario. Tenendo conto che il terzino del Real Madrid, Ferland Mendy (23), avrebbe il compito di pressare sul terzino destro avversario, per l'Atletico risulta interessante avvicinare il giocatore inglese al proprio difensore, per attirarlo a sé (figura 53). Ciò aprirebbe ampi spazi dietro Mendy (23), che potrebbero essere sfruttati per attaccare in profondità, soprattutto con Llorente (14).

Qualcosa di simile a quanto visto contro il Bayern, ma con un avversario che difende con un uomo in meno e comunque aggressivo nel pressing.

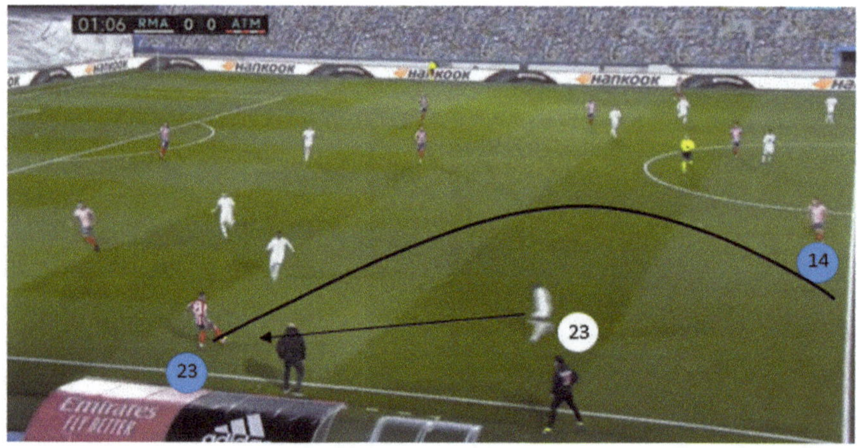

Figura 54.

Già nel primo minuto di gioco si è potuta osservare questa situazione (figura 54). Mendy (23) è andato a pressare su Trippier (23) e Llorente (14) ha potuto ricevere palla alle spalle del francese.

In questa nuova disposizione dell'Atletico di Simeone, è importante che le ali siano brave a interpretare queste situazioni, a seconda che la squadra rivale faccia pressing o meno. Perché se non pressa, è più opportuno che il giocatore cerchi ampiezza e profondità per allargare la squadra avversaria e creare spazi verso l'interno del campo. Lo possiamo vedere qui sotto.

Contro una squadra poco propensa al pressing.

Figura 55.

La figura 55 mostra Trippier (23) e Saúl (8) che apportano ampiezza e profondità. Per il suo modo di difendere, il Cadiz non fa pressing sul terzino dell'Atletico, per cui entrambi i giocatori cercano di allargare il campo e aprire spazi per l'inserimento di altri compagni, come è successo in questo caso con il centrale destro Savić (15).

CONCLUSIONI

A seconda del modulo di gioco e dei giocatori che sono in campo, a un certo punto cambiano i compiti che devono essere eseguiti dai vari giocatori. Una cosa che però è sempre presente in zona di creazione, nelle squadre di Simeone, è che ci dev'essere ampiezza, che a sua volta serve a dare poi profondità. Vale a dire: attaccare gli spazi alle spalle degli avversari. Realizzando questi due principi tattici, gli attacchi dell'Atletico sono generalmente molto efficaci.

Oltre ai tagli in profondità, vale la pena evidenziare anche quelli in appoggio, che di solito vengono eseguiti da giocatori come João Félix e Koke, con l'obiettivo di ricevere palla al piede.

Come abbiamo analizzato nelle varie situazioni, il gioco dell'Atletico tende ad accumulare molti giocatori sul lato sinistro del campo, per poi cercare spazi e profondità sulla fascia destra (nota come lato debole) con giocatori come Trippier e Llorente, che si complementano a vicenda molto bene. Si tratta di una condotta che viene riproposta spesso e che di solito da buoni risultati.

ZONA DI FINALIZZAZIONE

Situazione 1: terzino e ala con la difesa a quattro

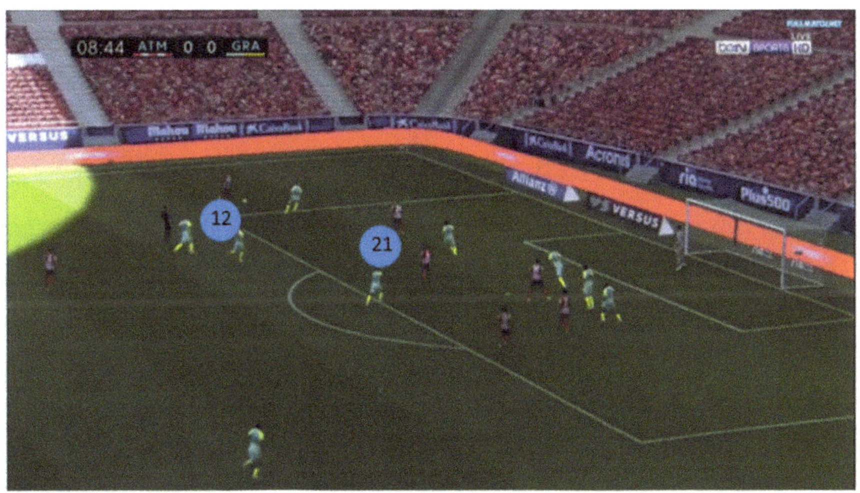

Figura 56.

È una situazione abbastanza abituale quando Lodi (12) gioca da esterno offensivo (ala); logicamente cambiano molte cose a livello tattico quando in quella posizione c'è un giocatore dalle caratteristiche più offensive, come il brasliano, piuttosto che uno più difensivo, come Hermoso.

Nella partita in figura 56, Carrasco (21) è stato schierato da ala, sempre davanti a Lodi (12). In questi casi con la difesa a quattro, quando il terzino si unisce all'attacco, è normale vedere l'ala spostarsi più verso l'interno per lasciare spazio a quell'inserimento sulla fascia.

Questo però, a sua volta, comporta degli obblighi difensivi per l'Atletico, poiché, quando gioca con la difesa a quattro e Lodi si unisce all'attacco, sono necessari movimenti degli altri giocatori per cercare di mantenere l'equilibrio. Ciò è noto come sorveglianza, quando si controllano gli attaccanti avversari mentre si attacca.

Situazione 2: João Félix

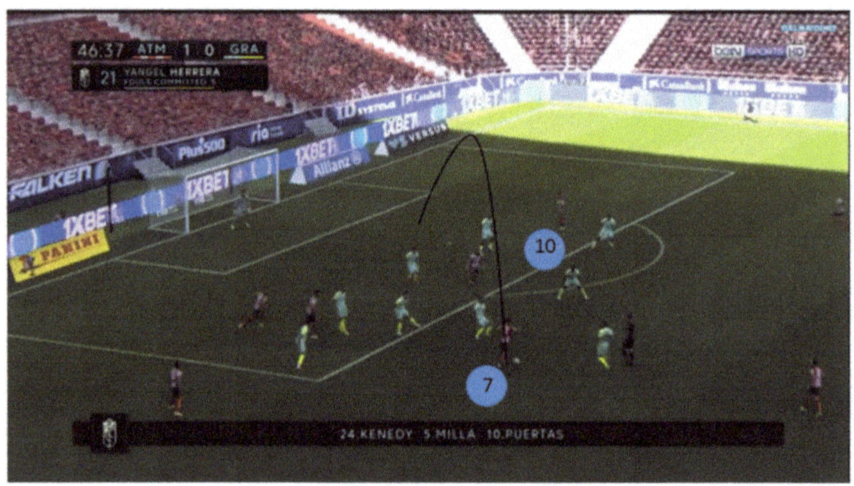

Figura 57.

Sicuramente per l'Atletico è un bene che João Félix (7) riceva palla nella zona di creazione, perché ne migliorerà l'azione offensiva; è ancora più importante però che abbia il controllo del pallone appena fuori dall'area di rigore, poiché in questa posizione è in grado di fare davvero la differenza. Questo è uno degli aspetti a cui Simeone presta più attenzione: le ricezioni del portoghese in quella zona del campo sono sinonimo di pericolosità.

L'azione in figura 57 si è conclusa con il secondo gol dell'Atletico contro il Granada. Segna Correa (10), dopo un ottimo assist di Félix (7).

Situazione 3: Marcos Llorente attaccando in profondidità

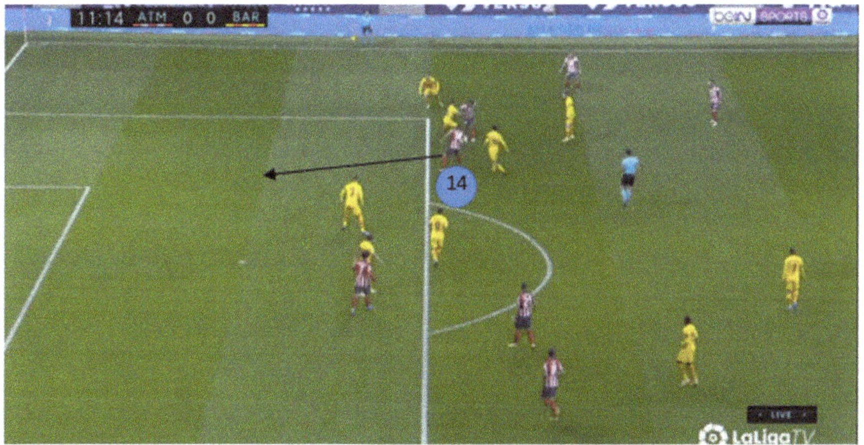

Figura 58.

Questa è un'azione molto ricorrente nella squadra di Simeone e ha due vantaggi evidenti: in primo luogo, la possibilità di far gol (sia con lo stesso Llorente, sia attraverso il noto "passaggio della morte"). Nell'azione in figura 58, lo spagnolo (14), dopo essersi smarcato stava per segnare, ma il tiro ha colpito la traversa.

In secondo luogo, permette di creare spazio alle spalle dei centrocampisti avversari. Questo perché, facendo indietreggiare la difesa, si crea più spazio tra le linee e in questo modo si facilita il gioco offensivo della squadra.

Figura 59.

Ad esempio, l'azione in figura 59 ha portato al gol di João Félix (7) contro il Bayern. In questa sequenza ci sono due momenti da evidenziare: l'uno-due tra Trippier e Llorente (14), che è servito ad attirare il terzino avversario, in modo che lo spagnolo gli potesse attaccare alle spalle, e l'arrivo del portoghese (7), che intuisce il momento giusto per farsi vedere in area e approfittarne per battere la difesa.

Figura 60.

Ecco un altro esempio di quanto sia pericoloso il tandem Trippier-Llorente per l'Atletico di Simeone (figura 60). Dopo il lancio lungo di Oblak, Trippier (23) affronta il terzino del Valladolid e lo supera, favorendo Llorente (14) che ha potuto attaccare in profondità. In quest'occasione gli si è presentato uno scenario ideale, con molti metri davanti a sé: la sua velocità e la capacità finalizzativa hanno poi fatto il resto, facendo sì che l'azione si concludesse con un gol.

Questa azione ci serve anche per sottolineare come i rinvii lunghi di Oblak, in caso di pressing aggressivo da parte dell'avversario, hanno una loro ragion d'essere: nel caso esca vittorioso dal contrasto, che sia al primo o al secondo tentativo, l'Atletico può avere ampi spazi alle spalle della difesa per poter correre verso la porta.

Situazione 4: Incorporazione sulle fasce

Figura 61.

Nel nuovo modulo a tre centrali, spesso il giocatore sulla fascia sinistra, che sia terzino o ala, attacca in profondità o entra in area. Ciò

è possibile perché sa di avere dietro di sé un compagno che gli copre le spalle; di solito si tratta del centrale di sinistra, come vediamo in figura 61 con Hermoso (22).

Gli stessi compiti svolti in quest'azione da Vitolo (20) ed Hermoso (22), a destra, generalmente vengono eseguiti da Trippier e Savić. Tuttavia, è più frequente vedere l'inglese spostato sulla fascia e Llorente attaccare lo spazio tra il terzino e il centrale, una zona molto difficile da difendere e che l'Atletico è in grado di sfruttare al meglio.

Figura 62.

Una situazione del genere, con il terzino che conduce il pallone fino ad entrare in area (come nel caso precedente con Vitolo) è abbastanza comune, tanto che si verifica anche all'interno di azioni tecnico-tattiche premeditate.

Nell'azione in figura 62, João Félix (7) ha attirato su di sé il difensore centrale Niklas Süle (4) e lo ha portato fuori dalla sua posizione. Con due giocatori avversari fuori posizione (considerando anche il terzino destro), si è creato uno spazio che Carrasco (21) ha potuto attaccare, intuendo perfettamente e concludendo la giocata con un tiro in porta. È una situazione che, come vedremo, si verifica in un'infinità di casi.

Situazione 5: Trippier entrando in area

Figura 63.

L'ex Tottenham non è di certo il giocatore più pericoloso nei pressi del-l'area avversaria; in certe occasioni però, soprattutto quando João Félix (7) e altri compagni attirano su di sé il gioco per liberare la fascia opposta, allora si crea la possibilità di trovare Trippier (23) in situazioni vantaggiose, come in figura 63. È ciò che potremmo definire "attirare su un lato per attaccare dal lato opposto", in una zona trascurata dagli avversari e in cui si possono produrre occasioni da gol.

Figura 64.

In figura 64, un'azione conclusa con un gol di Lemar, accade qualcosa di simile, in termini di utilizzo degli spazi aperti da parte di Trippier (23). C'è una particolarità: un esempio di come vede il gioco Llorente (14), il quale, dopo aver ricevuto palla a centrocampo e creato spazio, ha cercato ampiezza e profondità per Trippier (23), il quale ha potuto sfruttare quello spazio generato dal "14". Si tratta di una caratteristica legata al passato dello spagnolo, nel ruolo di centrocampista più di posizione.

La connessione tra Trippier e Llorente è una delle grandi novità di questa evoluzione della squadra di Simeone. Sebbene la cosa più abituale sia vedere l'inglese dare ampiezza e lo spagnolo attaccare in profondità nello spazio tra il centrale e il terzino avversari, ci sono ora nuove opzioni che rendono imprevedibile il gioco dell'Atletico.

Situazione 6: Luis Suárez

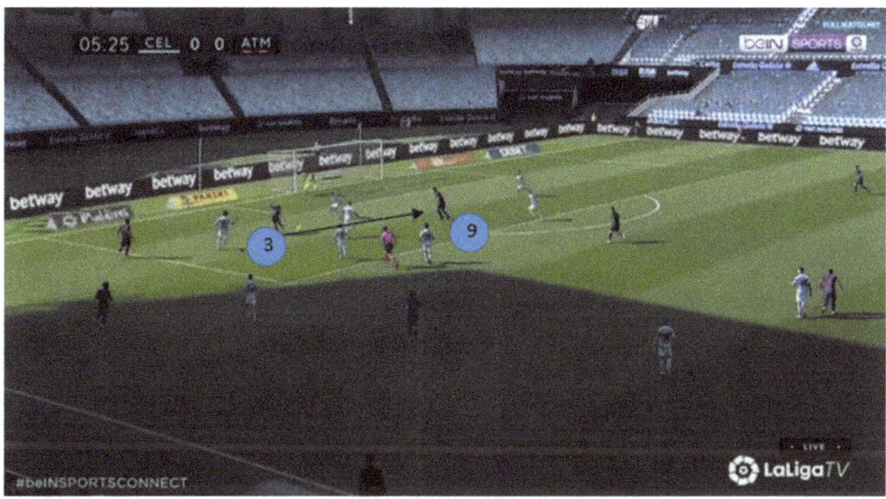

Figura 65.

L'attaccante uruguaiano è una bella spina nel fianco per le difese avversarie. Nella zona di finalizzazione, oltre a sapersi collocare bene all'interno dell'area per conquistarsi la posizione sugli avversari, è un goleador nato. L'immagine 65 ci mostra come Suárez (9) riesca a crearsi spazio per attaccare in area. In questa giocata ha segnato su assist Manuel Sánchez (3).

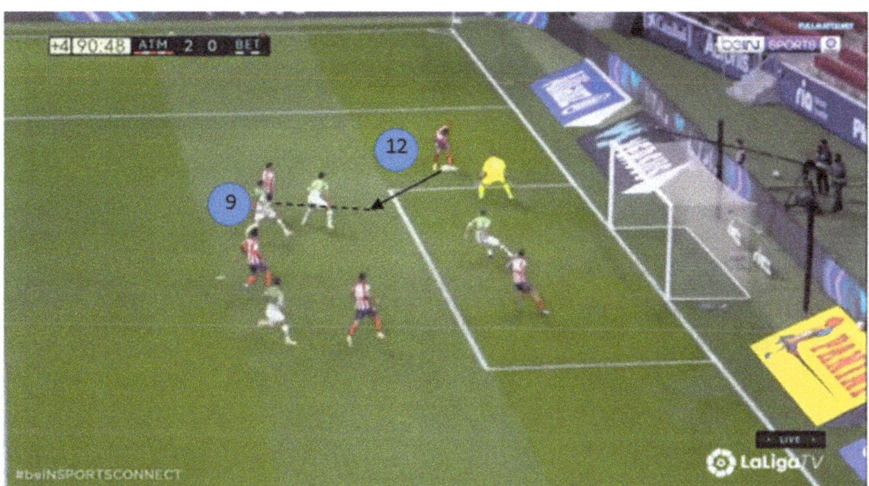

Figura 66.

Un altro esempio lo troviamo in figura 66: Suárez (9) ha anticipato il difensore sul primo palo e ha approfittato del retro passaggio di Lodi (12).

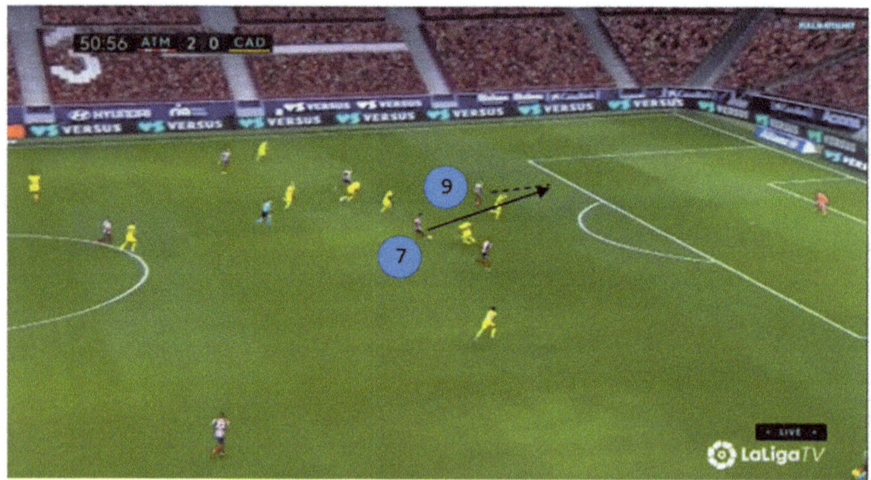

Figura 67.

Nella figura 67 si può vedere un assist di João Félix (7) a Suárez (9), che si è fatto trovare pronto davanti alla porta. In quest'azione c'è stato un taglio smarcante dell'attaccante uruguaiano, che quando rimane poco spazio per arrivare in porta è molto pericoloso, grazie alla sua capacità di muoversi tra i centrali. Tuttavia, quando parte da una velocità inferiore e si ritrova con tanto campo davanti, non è altrettanto minaccioso.

Questo è uno dei motivi per cui l'Atletico fa un pressing più avanzato rispetto alle stagioni precedenti; si tratta di un'altra caratteristica dell'evoluzione della squadra, poiché si cerca di situare Suárez più vicino all'area avversaria. Nei campionati precedenti, quando c'erano altri attaccanti come ad esempio Álvaro Morata, si cercavano più situazioni di contropiede, per sfruttare la loro velocità. Nella sezione sulle transizioni difesa-attacco potremo osservare come l'uruguaiano limiti la squadra quando recupera palla nella propria metà campo, rendendo difficile la riuscita di un contropiede.

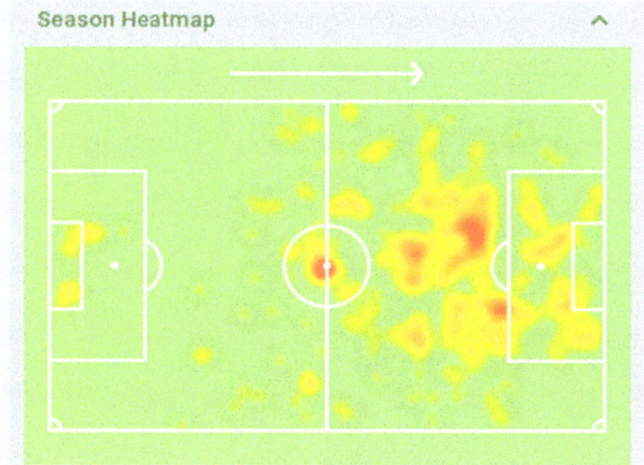

Figura 68.

Come mostra questa figura 68 di SofaScore, con la mappa termica della stagione di Suarez, la sua incidenza con la palla è minima. Inoltre, anche sotto l'aspetto difensivo non è di certo il calciatore più disciplinato.

Per tutte queste ragioni, si potrebbe pensare che non sia l'attaccante ideale per l'Atletico, ma il suo coefficiente realizzativo e i suoi movimenti in area compensano tutto. Simeone ha cercato di trovare un equilibrio, per creare il miglior contesto possibile, con uno dei migliori goleador attuali.

Situazione 7: incorporazione della seconda linea

Figura 69.

In questa azione (figura 69), conclusasi con un gol, i protagonisti sono stati i due terzini. Trippier (23) effettua il cross e Lemar (11) conclude sul secondo palo. Questi tipi di giocate ci servono a constatare che schierare una difesa a tre o a cinque, non è segno di una maggiore o minore predisposizione difensiva.

Situazione 8: Mobilità in attacco

Figura 70.

Spesso vediamo questa caratteristica in Correa (10), un attaccante con grande mobilità e che si può ritrovare in qualsiasi zona dell'attacco. Nella partita in figura 70, l'argentino ha giocato da centravanti, ma la sua natura gli ha impedito di rimanere costantemente ancorato ai difensori, ricevendo quindi in zone diverse, tra cui quella dove di solito si trova Llorente (14). Questo è un bel vantaggio, poiché rende l'attacco più imprevedibile.

Inoltre, c'è da dire che Llorente (14) ha compensato questo movimento scambiandosi di posizione con Correa (10). Nella figura 70 vediamo il momento in cui lo spagnolo è entrato in area di rigore.

Figura 71.

Ecco un altro esempio di ciò che può offrire l'argentino quando gioca da centravanti. Quando l'Atletico riesce a far circolare rapidamente la palla, nel-le zone di costruzione e di creazione, si ritrova nelle migliori condizioni per raggiungere la zona di finalizzazione con un vantaggio.

In figura 71, Koke (6) ha visto il taglio profondo di Correa (10) e lo ha servito generando una chiara occasione da gol. La mobilità dell'ex San Lorenzo, negli ultimi metri, offre molte opzioni di passaggio e crea numerosi spazi aperti per i compagni.

Situazione 9: Ampiezza ed entrata in area

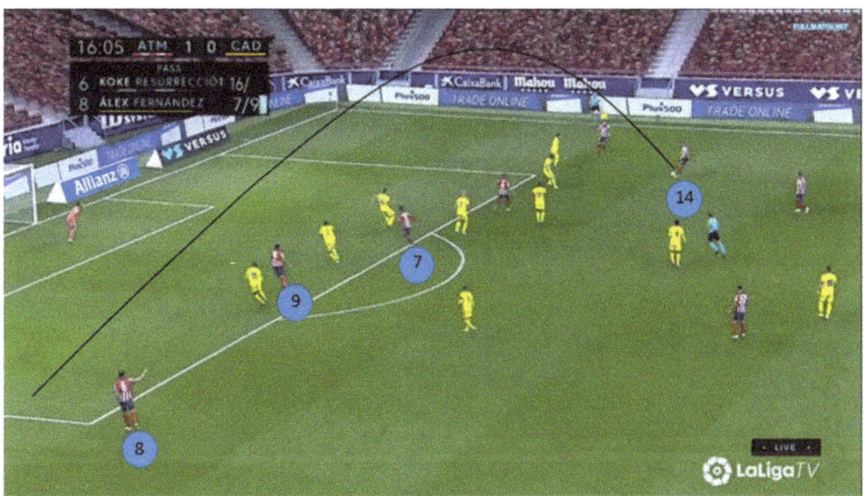

Figura 72.

Lanciare disperatamente palloni in area non è il piano tattico del "nuovo" Atletico di Simeone. Ciò si rispecchia nelle statistiche, che indicano che i cross sono diminuiti, nonostante un notevole aumento del possesso palla nella metà campo avversaria. Anche se gli uomini di Simeone hanno problemi a trovare spazi di fronte a una difesa schierata, possono sempre effettuare un cambio di direzione da un lato all'altro del campo, per cercare di smuovere l'avversario.

In figura 72, João Félix (7) e Suárez (9) volvevano concludere in area, ma Marcos Llorente (14) ha deciso di continuare l'azione per creare un'occasione da gol in condizioni migliori. Ha quindi effettuato un cambio di direzione per Saúl (8), che ha ricevuto palla sulla fascia sinistra.

CONCLUSIONI

L'Atletico raggiunge ora gli ultimi metri del campo in maniera molto più fluida, grazie alla qualità di giocatori creativi come João Félix. Inoltre, i tagli di Llorente, i movimenti in area di Suárez, le opzioni che offrono giocatori come Correa e Lemar, l'inserimento da dietro di diversi giocatori e i vantaggi che la squadra ottiene nella zona di creazione, grazie ad un migliore inizio azione, stanno dando molte più varianti all'attacco del Cholo Simeone.

L'evoluzione è completa. Per questo motivo, sebbene per un'analisi dettagliata sia necessario separare le varie fasi del gioco, è importante considerarle tutte in relazione tra loro.

PRINCIPI E SOTTO-PRINCIPI OFFENSIVI

Questa sezione è importante per capire che tipo di comportamenti Simeone cerca nella sua squadra, indipendentemente dai giocatori e dai moduli. Serve anche a spiegare, in modo pratico, vari punti del suo modello di gioco.

Ampiezza

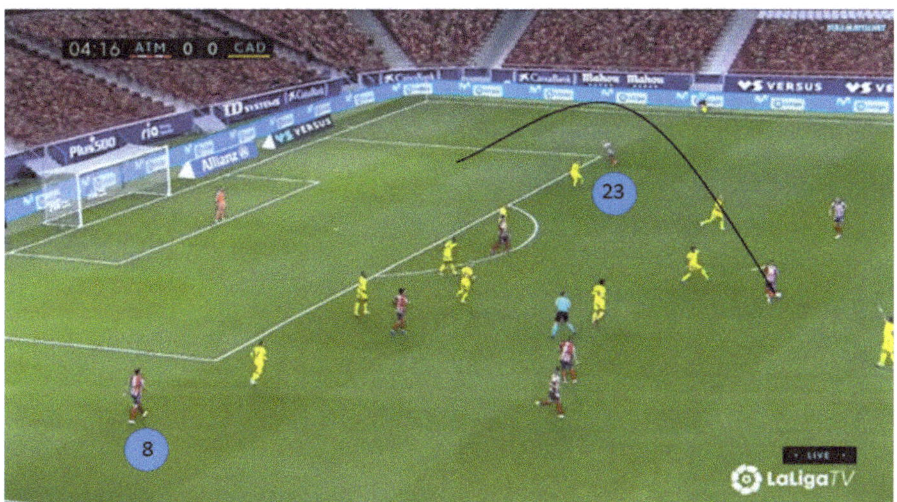

Figura 73.

Questo principio tattico ha una gran rilevanza nelle squadre di Simeone. Trippier (23) ha l'incarico di portarlo a termine sulla fascia destra, mentre sull'altra fascia, in questa azione, è Saúl (8). Le varianti tattiche in questo caso si trovano in chi fornisce ampiezza sul lato sinistro:

- quando gioca Hermoso, di solito è il terzino (Carrasco o Vitolo) o l'ala che gioca davanti a lui (per esempio Saúl).

- quando gioca Lodi è abbastanza comune che sia il terzino brasiliano, colui che dà ampiezza sulla fascia sinistra. Tuttavia, a seconda della situazione, è possibile che lo faccia anche l'ala che gioca davanti a lui.

Ci può anche essere una piccola variazione, a seconda che si trovi Hermoso o Renan Lodi sulla fascia sinistra, poiché questo influisce sulla libertà di Trippier di incorporarsi all'attacco.

- quando gioca Hermoso, Trippier è consapevole che ci dovrebbero essere tre difensori dietro di lui, nel caso di un possibile contropiede avversario.

- quando gioca Lodi, Trippier è altrettanto cosciente che di solito, solo la coppia di centrali ha mantenuto la propria posizione.

Per questo motivo, Trippier è più presente in attacco quando l'Atletico gioca con tre centrali o quando Hermoso viene schierato da terzino. Nella figura 73 vediamo un'azione in cui Trippier ha ricevuto la palla all'interno dell'area avversaria (posizione che ha occupato dopo aver visto che Hermoso stava dietro di lui, coprendogli le spalle in caso di una possibile palla persa).

Profondità

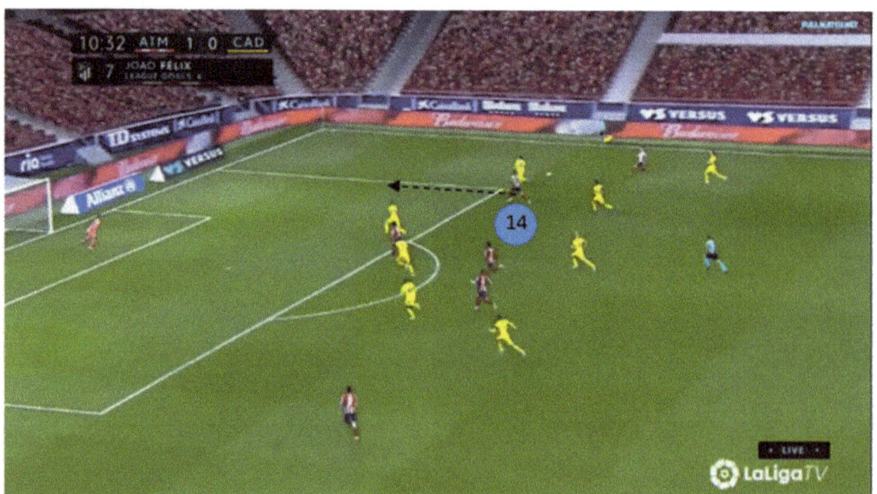

Figura 74.

La profondità è un altro principio tattico fondamentale, sia per creare spazio tra la linea dei centrali e i centrocampisti avversari, sia per creare opportunità da gol alle spalle della difesa. Come non potrebbe essere altrimenti, nella figura 74 si vede Llorente (14) attaccando lo spazio tra il centrale e il terzino avversari. Questo è uno dei mezzi più utilizzati dall'Atletico del Cholo per raggiungere la linea di fondo.

Terzo uomo

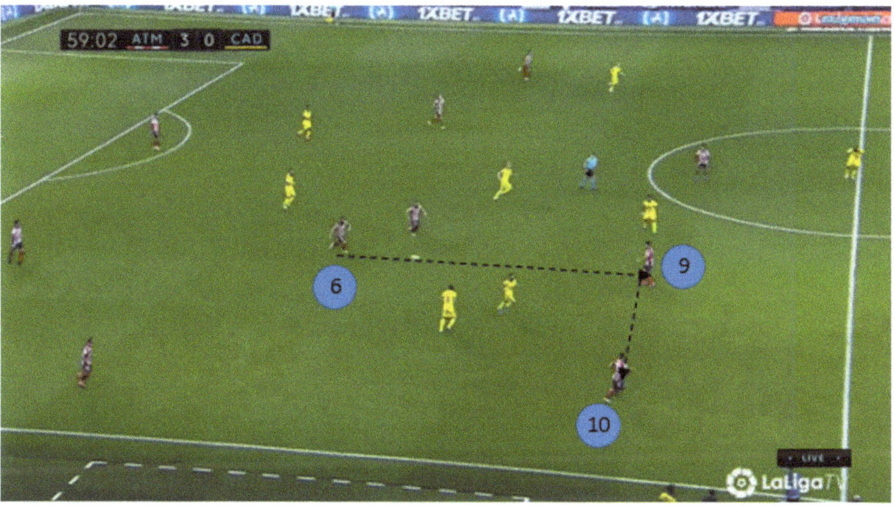

Figura 75.

In questo Atletico è comune trovarsi in una situazione con Suárez (9) che fa da "terzo uomo", da elemento distanziato, per via del ruolo di centravanti fisso (figura 75).

Cos'è necessario affinché si verifichi questo principio di terzo uomo?

- Un giocatore con la capacità di superare le linee di pressing attraverso un buon passaggio, come Koke (6).

- Un giocatore distanziato che sappia affrontare i giocatori della seconda linea, come Suárez (9).

- Una mezzapunta che cerchi spazio per ricevere palla davanti alla porta avversaria, come Correa (10).

I questo caso, erano questi i tre i giocatori coinvolti, ma ciò non significa che debbano essere sempre gli stessi. Nell'arco di una una partita, azioni come questa si verificano molto più frequentemente di quanto ci si possa immaginare.

Tra i tanti allenatori che apprezzano questo concetto, c'è Marcelo Bielsa, il quale considera questo principio come quello che determinerà il calcio del presente e del futuro. È imprevedibile e difficile da difendere, poiché un terzo giocatore (Correa nell'esempio) si smarca non per il

giocatore che ha la palla (Koke), ma per quello che la riceverà (Suárez).

Cambi di direzione

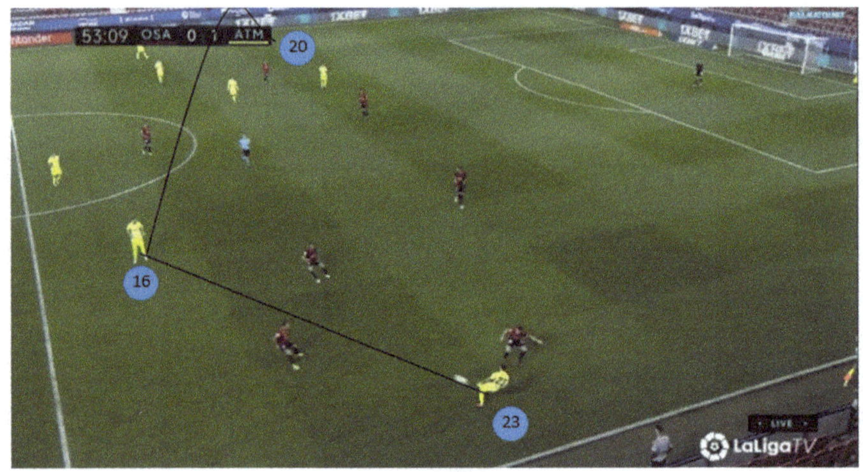

Figura 76.

Nel calcio è importante una circolazione di palla veloce, da un lato all'altro del campo, in modo da smuovere la difesa avversaria. Nell'azione in figura 76, la palla viene passata da Trippier (23) a Vitolo (20), passando per Herrera (16), in soli due passaggi. Questo grazie all'ampiezza della squadra, oltre alla buona tecnica individuale.

Sorveglianza

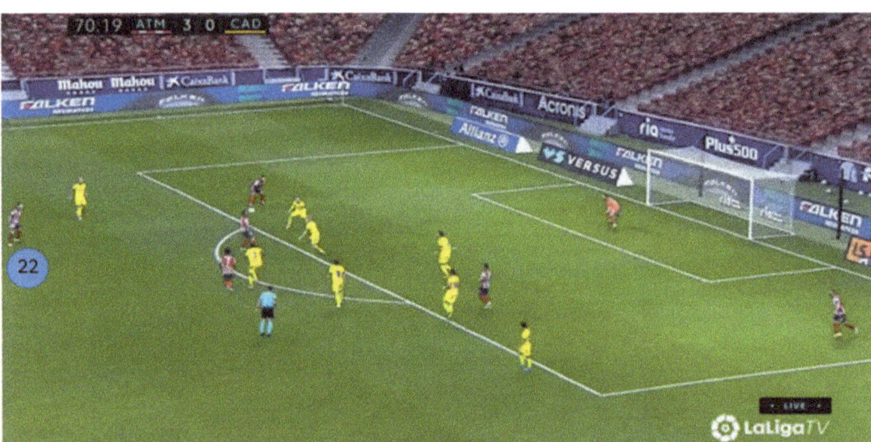

Figura 77.

Ne abbiamo già parlato, ma è importante sottolineare nuovamente questo principio. Nonostante i giocatori chiamati in causa possano cambiare, è raro che gli uomini di Simeone siano mal posizionati, nel momento di affrontare transizioni attacco-difesa.

È un concetto che si vede chiaramente con Hermoso (22), il centrale sinistro nel modulo a tre centrali, che di solito è quello che mantiene la posizione per far sì che la squadra non perda l'equilibrio e non sia troppo esposta nel caso di una palla persa (figura 77). Inoltre, grazie alle sue qualità tecnico-tattiche, è un difensore che dà sempre supporto da dietro ai compagni. Insomma, è un'assicurazione a livello difensivo e un supporto costante per mantenere il possesso palla.

Aiuti continui al portatore di palla

Figura 78.

Una figura simile alla 78 l'abbiamo vista in precedenza, con Koke appoggiando corto sui centrali per ottenere una superiorità numerica a inizio azione. In questo caso è stato Saúl (8) a ricevere. L'importante è che i movimenti della squadra siano sempre sincronizzati, per fornire soluzioni al portatore di palla. In questo caso Giménez (2) aveva molte alternative di passaggio.

Come si vede, il Bayern ha pressato con tre giocatori ma gli uomini di Simeone avevano cinque giocatori nei pressi del pallone. Questo principio consiste nel cercare le superiorità (numeriche, posizionali o entrambe) e da lì superare le linee.

Spazio libero

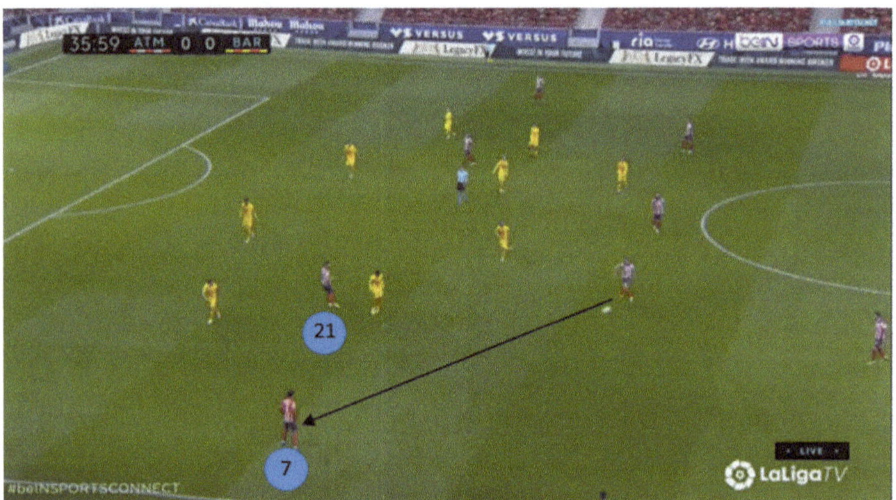

Figura 79.

Questo principio è legato agli scambi e ai movimenti che permettono di generare possibili ricezioni, con tempo e spazio a disposizione. Quella che vediamo in figura 79 è l'area di campo in cui ciò avviene con maggior successo: in questa azione, Carrasco (21) ha abbandonato la sua posizione iniziale per lasciare spazio a João Félix (7), che ha ricevuto la palla. Si può vedere in più settori, certo, ma in giocate come questa è più facile da riconoscere ed è più efficace.

CAPITOLO 5

TRANSIZIONE ATTACCO – DIFESA

> Mourinho: "I due momenti più importanti della partita sono il momento in cui si perde la palla e il momento in cui la si recupera, poiché entrambi producono alterazioni nei giocatori".

RIENTRO O *PRESSING*

Tra le varie situazioni che si prospettano dopo una palla persa, è frequente vedere un'alternanza tra rientro e pressing. Ciò dipende, in larga misura, da due fattori:

1. La zona del campo in cui si verifica la palla persa.

2. La disposizione dei giocatori nei pressi della palla persa.

Non esiste una formula esatta per affrontare questi tipi di azione. Comunque, per ridurre le possibilità di un contropiede avversario, l'importante è che sia stata effettuata un'adeguata sorveglianza in attacco e che si sia mantenuto un minimo di equilibrio.

Ovviamente la decisione finale spetta ai giocatori. Nell'Atletico di Simeone, nella maggior parte dei casi si cerca di disturbare all'avversario e si cerca di fare pressing sugli avversari più vicini alla palla. Sulla carta, questa azione si concluderebbe con il recupero del pallone; ma quando ciò non è possibile, di solito la squadra commette un fallo tattico.

In ogni modo, ci sono anche altre situazioni in cui si realizzano temporeggiamenti difensivi. Nella maggior parte dei casi, questo si verifica quando l'avversario è riuscito a superare con successo il pressing effettuato in prossimità della palla.

ZONA DEL CAMPO

Uno dei fattori più importanti per quanto riguarda l'affidabilità della squadra di Simeone è che non perde quasi mai palla nelle zone di costruzione e di creazione. Ciò è possibile grazie alla tendenza a non rischiare eccessivamente e grazie alla superiorità numerica quando riparte da dietro. Poiché le zone in cui l'Atletico affronta questo tipo di transizioni attacco-difesa sono solitamente nella metà campo avversaria, la minaccia di pericolo è minore.

SITUAZIONI

Situazione 1: pressing dopo palla persa – palla persa in zona di finalizzazione

Figura 80.

Il Valencia ha recuperato palla e ha ricevuto Gonçalo Guedes (7), il quale si trovava spalle alla porta e in un punto rischioso in cui perdere palla (figura 80). Lo sapevano bene gli uomini di Simeone, che si trovavano completamente riversati nella metà campo avversaria, come testimonia la posizione del centrale Savić (15). Generarono così un tre contro uno, che li portò a riconquistare il possesso nella metà campo avversaria. Questa azione esemplifica uno scenario ideale, ciò che l'Atletico cerca di realizzare per quanto possibile.

Figura 81.

Lo stesso è avvenuto in questa azione, ma sulla fascia opposta (figura 81), con Hermoso (22) che ha recuperato palla nella metà campo avversaria. Per questo tipo di situazioni, la lettura tattica di Savić ed Hermoso sono fondamentali: entrambi sanno coprire molto bene gli spazii lasciati dai terzini nel momento in cui vanno ad attaccare.

Situazione 2: tentativo di recupero dopo aver perso palla

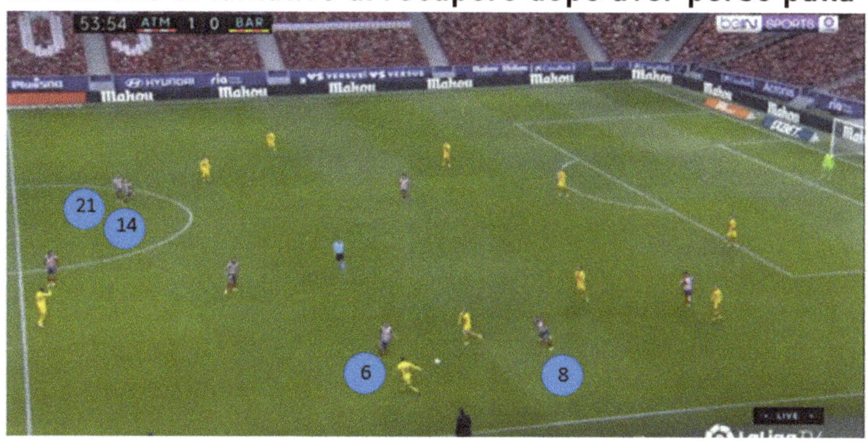

Figura 82.

Per il Cholo Simeone è di estrema importanza avere un giocatore come Koke (6), che si potrebbe definire come il prolungamento dell'allenatore in campo. Le sue buone letture di gioco e il suo impegno sono sempre a disposizione della squadra. Questa azione ne è un esempio e ci mostra come trasformare una transizione attacco-difesa in una situazione positiva. Come ha fatto Koke (6) a riconquistare il possesso palla quasi immediatamente?

Per riuscirci è fondamentale trovarsi ben posizionati in fase d'attacco. Ciò non esclude la possibilità che ci sia un certo disordine, come quello creato dall'inserimento di Saúl (8), con Carrasco (21) al centro o con Llorente (14) più arretrato rispetto al solito (figura 82). È però importante che ci sia equilibrio e che ci siano giocatori ben posizionati per pressare subito dopo la palla persa, come avviene con Koke (6). È un'abilità che si allena, ma certo è che avere un giocatore come il capitano spagnolo (6) rende tutto molto più facile.

Situazione 3: Temporeggiamento difensivo

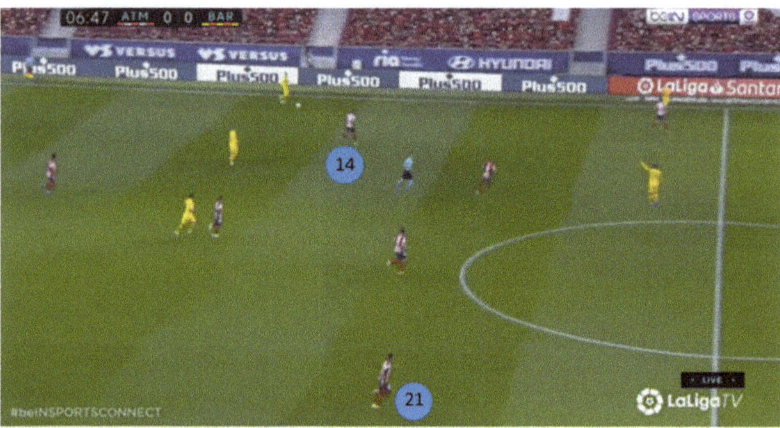

Figura 83.

Questo principio ha l'obiettivo di rallentare l'attacco avversario, per poter ricomporre la difesa e riposizionarsi efficacemente. Nella figura 83, vediamo un recupero del Barcellona nella propria metà campo, con Llorente (14) e Carrasco (21) che si trovavano in posizioni più avanzate rispetto a quelle che solitamente mantengono in fase difensiva, soprattutto contro una squadra come quella catalana.

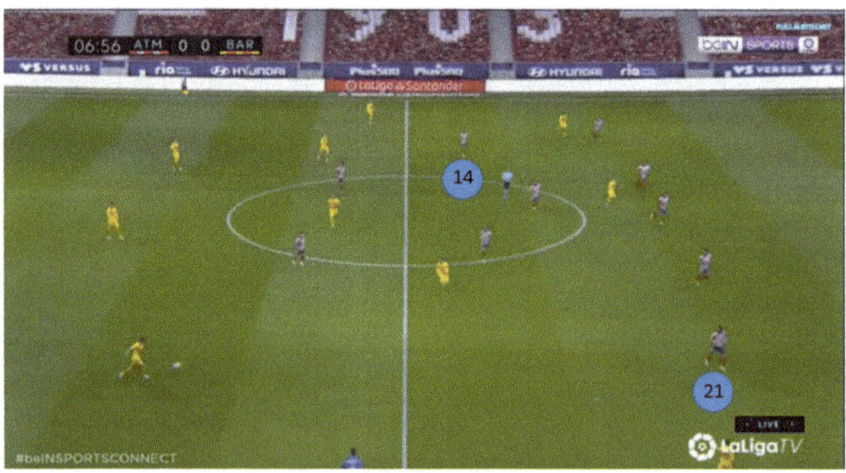

Figura 84.

Nove secondi dopo, l'Atletico ha già recuperato la solita disposizione (figura 84). Da notare che questo sforzo fisico extra che Simeone richiede ai suoi giocatori, non lo pretende da tutti, ma da due in particolare. Lo esige da giocatori con una gran forma fisica come Llorente (14) e Carrasco (21).

- Carrasco (21) è tornato nella propria metà campo per inserirsi nella difesa a cinque, con cui si sviluppa la fase difensiva. Lo ha fatto dopo aver giocato in attacco, fornendo ampiezza e profondità sulla fascia sinistra.

- Llorente (14) è tornato in difesa inserendosi nella linea dei tre centrocampisti, in seguito a un'azione in cui anche lui stava apportando profondità all'attacco.

Questi sforzi sono necessari per ritrovare l'equilibrio in fase difensiva.

Situazione 4: temporeggiamento o anticipo

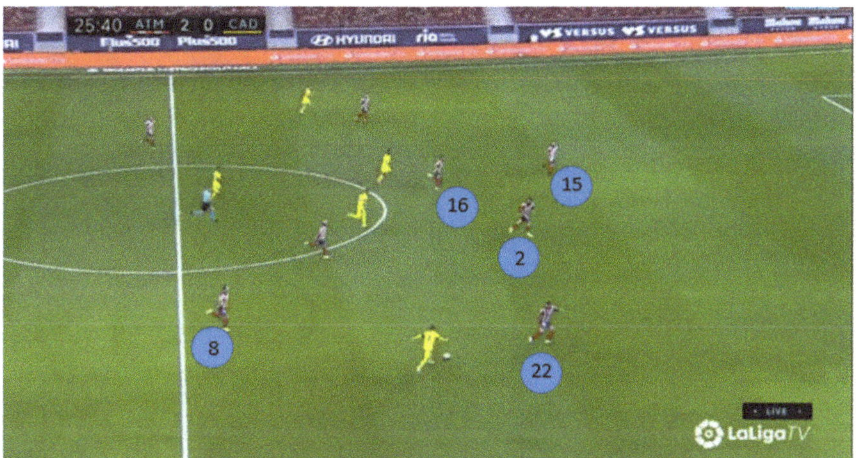

Figura 85.

Momenti come questo ci forniscono un ulteriore motivo per

intendere il calcio come un'unica fase. La posizione di Hermoso (22) in attacco permette all'Atletico Madrid di trovarsi ben piazzato contro il contropiede. In questo caso, una palla persa nella zona di creazione ha lasciato Saúl (8) dietro al pallone e senza possibilità di intervenire (figura 85). Situazioni del genere però non sono allarmanti per la formazione biancorossa, poiché sa di essere in grado di limitare i pericoli.

Quasi sempre ci sono quattro giocatori che mantengono la posizione, per non esporsi troppo in caso di palla persa:

- i tre centrali, in questo caso Savić (15), Giménez (2) ed Hermoso (22).

- il regista, in questo caso Herrera (16), o un centrocampista.

Da sottolineare la capacità di Hermoso di leggere il gioco e la sua qualità per affrontare situazioni di questo tipo, con un'efficacia superiore alla norma.

Figura 86.

Un chiaro esempio lo possiamo osservare in figura 86. Una delle abilità difensive di Hermoso (22) è l'anticipo. In questa situazione, il Bayern ha iniziato una transizione difesa-attacco, durata però solo pochi secondi grazie alla grande lettura tattica dello spagnolo.

Come abbiamo visto in precedenza, Savić può affrontare queste situazioni, e risolverle al meglio, grazie alla difesa a tre. Saper leggere ciò che il gioco richiede è essenziale nelle transizioni difensive, perché non sempre è possibile recuperare palla nella metà campo avversaria e anticipare (anche se sarebbe l'ideale). A volte bisogna rallentare e guadagnare tempo, affinché arrivino più compagni a supporto.

Situazione 5: contropiede avversario

Figura 87.

Ciò che rende questo Atletico Madrid una squadra molto affidabile in difesa è che nella maggior parte delle situazioni che si verificano dopo aver perso palla (che sia con un pressing immediato oppure con un rientro quando l'avversario riesce a superarlo), la squadra non si spezza e di solito riesce a mantenere l'equilibrio. Ovviamente, non si può essere sempre in controllo in questo tipo di transizioni e quando si pressa ci si assume dei rischi, in quanto se l'avversario riesce a mantenere il possesso palla, può rendersi pericoloso.

Lo si può vedere in figura 87: Facundo Roncaglia (12) ha effettuato un passaggio a Enric Gallego (19), avviando così il contropiede dell'Osasuna.

Figura 88.

Nonostante fosse un'azione pericolosa, l'Atletico ha comunque mantenuto il piano prestabilito e ha eseguito un buon rientro, come vediamo nella figura 88 (passati 11 secondi). Questi sono i rischi che comporta un pressing subito dopo la palla persa, poiché se l'avversario riesce a eseguire due giocate tecniche di alto livello, può superare la prima linea e andare in contropiede. Un'eventualità non molto frequente per i ragazzi di Simeone.

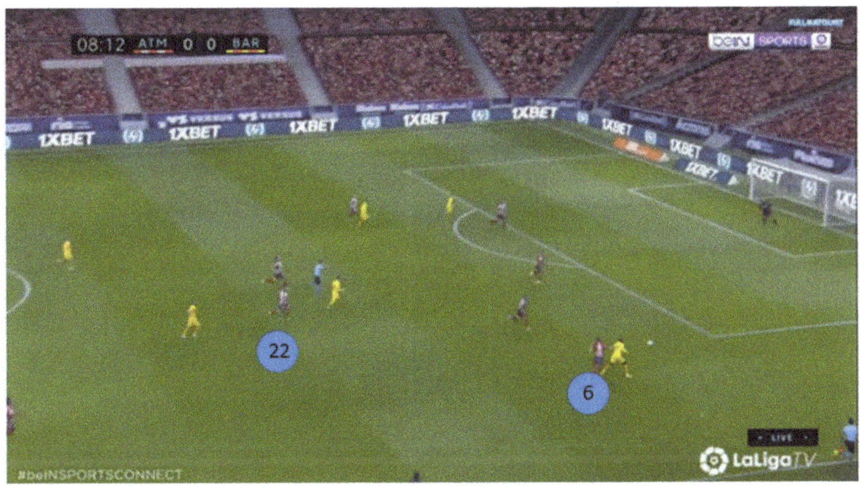

Figura 89.

Per poter controllare queste situazioni, è fondamentale la lettura dei vari giocatori, aspetto in cui spicca Koke (6), calciatore molto intelligente a livello tattico, come già commentato in precedenza. Nella transizione evidenziata in figura 89, in cui il Barcellona si stava rendendo pericoloso, l'Atletico era sbilanciato dopo la palla persa di Hermoso (22), così che il centrocampista madrileno è arretrato per aiutare. Koke (6), che è sempre ben posizionato, ha eseguito gli scambi e le coperture necessari.

Situazione 6: avversario con gran presenza offensiva

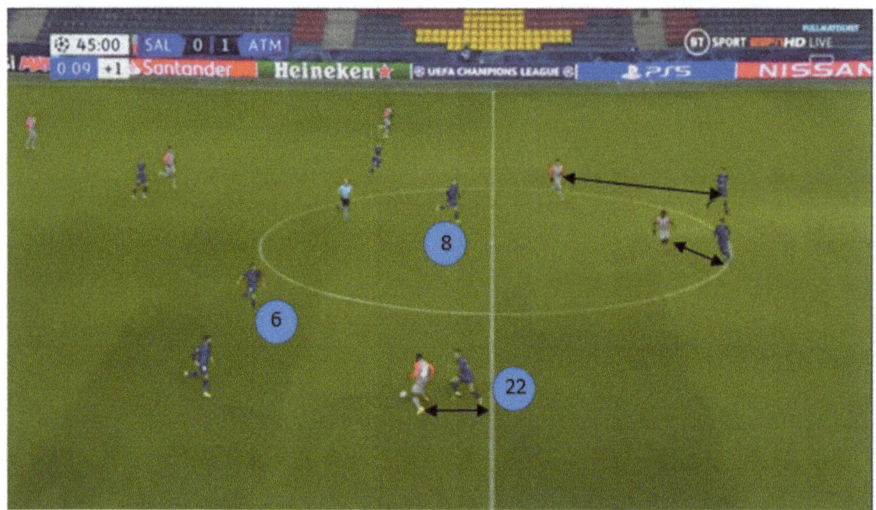

Figura 90.

Il Salisburgo tiene accoppiati i suoi tre attaccanti con i tre difensori dell'Atletico Madrid. Nella transizione in figura 90, la palla è arrivata a un attaccante che, dopo un ottimo controllo, è riuscito a dribblare Hermoso (22), il quale ha commesso un fallo da cartellino giallo. In questa partita, come in tutte quelle in cui l'avversario ha un approccio decisamente offensivo, era di gran importanza che un centrocampista, come Koke (6) o Saúl (8), mantenesse una posizione vicina ai difensori per dare equilibrio ed evitare un possibile tre contro uno in caso di palla persa.

CONCLUSIONI

¿Rientro o *pressing*?

Se dovessimo caratterizzare l'evoluzione della squadra di Simeone con un elemento in particolare, è per essere riuscita a cambiare anche in questo aspetto. La decisione riguardante il pressare dopo la palla persa o rientrare, è condizionata da molti aspetti differenti (principalmente da fattori come l'avversario e il risultato).

Inoltre, va sottolineato che l'Atletico perde così pochi palloni nella propria metà campo, che ciò rappresenta uno dei motivi per cui gli uomini di Simeone non soffrono in questa fase di gioco.

CAPITOLO 6

DIFESA ORGANIZZATA

SITUAZIONI

Situazione 1: pressing alto – inizio azione dell'avversario

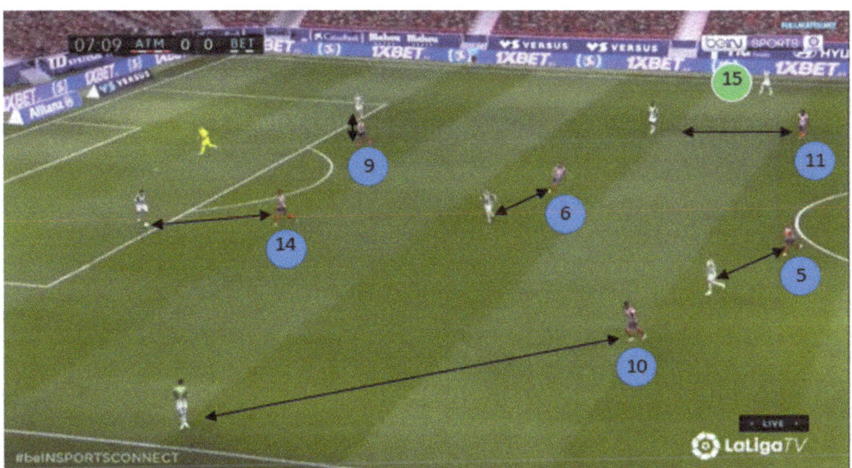

Figura 91.

Questo Atletico Madrid è una squadra che cerca di pressare di più rispetto ai primi tempi di Simeone sulla panchina biancorossa, il che è segno di evoluzione. Si tratta però di un lavoro che deve essere ordinato. Ad

esempio, contro il Betis lo ha fatto a uomo in questo modo (figura 91):

- Llorente (14) e Suárez (9), i due attaccanti, fanno pressing a uomo sui difensori centrali.

- In seconda linea c'è Koke (6), accoppiato con Guido Rodríguez. Una mossa importante, visto che l'argentino è un giocatore che attira su di sé tanto gioco nelle ripartenze del Betis e lo spagnolo non gli ha permesso di ricevere comodamente. In questo modo, si è anche potuto rispettare un principio fondamentale per la coppia di centrocampisti, che devono rimanere sfalsati. Koke (6) più avanzato e Torreira (5) più indietro.

- Torreira (5) si accoppia con Sergio Canales, uno dei giocatori più determinanti nel Betis.

- Correa (10) accoppiato con Martín Montoya, che ha ricevuto la palla in questa azione. Nonostante la distanza tra loro, l'argentino è riuscito a limitare la durata della giocata e così le possibilità di passaggio.

- Sul lato opposto, Lemar (11) ha fatto in modo che William Carvalho non ricevesse palla.

Come possiamo osservare, un giocatore rimane smarcato (cerchio verde). Si tratta di Álex Moreno (15), il terzino della fascia opposta a quella del pallone. Non è un problema per l'Atletico, anzi è il loro obiettivo: è difficile che la palla passi da una parte all'altra del campo visto il tipo di pressing, che costringe la squadra avversaria a rimanere sulla stessa fascia.

Se invece l'avversario riesce a mettere insieme delle giocate tecniche di alto livello (come potrebbe essere in questo caso un gran lancio di Montoya e un buon controllo di Moreno), effettuando un cambio di direzione, la squadra biancorossa risponde rientrando e posizionandosi nella propria metà campo.

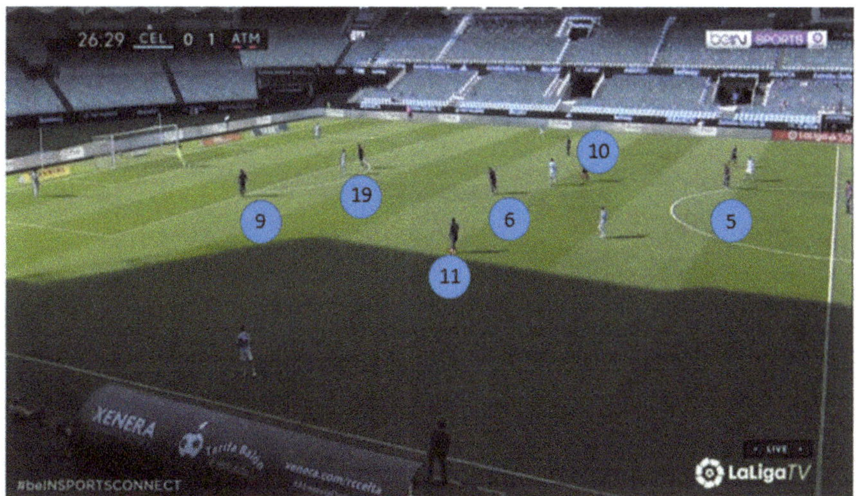

Figura 92.

La figura 92 ci mostra una situazione molto simile, con l'unica differenza dell'entrata di Costa (19) per Llorente. Il Celta Vigo è una squadra che somiglia al Betis per quanto riguarda il voler uscire con la palla al piede partendo dal portiere, per cui gli uomini di Simeone si sono comportati nello stesso modo.

La decisione su quanto pressare alto viene studiata da Simeone e dal suo staff, tenendo conto dei vantaggi e degli svantaggi di ciascuna opzione. È chiaro che di fronte a questo tipo di avversari, che tendono a rischiare abbastanza e che non hanno la stessa qualità delle grandi squadre, un pressing alto ha molti più vantaggi e crea occasioni da gol.

Situazione 2: pressing nella metà campo avversaria – blocco medio

Figura 93.

I ragazzi di Simeone sono bravi ad adattarsi all'avversario e al contesto specifico della partita. Nella situazione in figura 93, i due attaccanti, João Félix (7) e Correa (10), pressano bloccando le linee di passaggio, ma senza che il resto della squadra avanzi troppo. Visto che l'Osasuna cercava lanci lunghi, il Cholo voleva che le altre due linee rimanessero vicine, in modo da imporsi nella seconda parte dell'azione.

L'Atletico non voleva rischiare avanzando troppo con le proprie linee di pressing, contro una squadra che non aveva nessuna intenzione di giocare nella propria metà campo, com'è successo con il Betis e con il Celta. Inoltre, non è la stessa cosa pressare quando l'avversario ha il pallone nella propria area (situazione 1), rispetto a quando ce l'ha più sotto controllo in mezzo alla propria metà campo (situazione 2).

La formazione biancorossa è molto camaleontica in questo senso. Le circostanze che determinano se pressare alto o rimanere in blocco centrale sono:

1. La filosofia di gioco della squadra avversaria.

2. Il contesto (risultato, condizione fisica in quel momento e

piano di gioco, tra i vari aspetti).

3. Le caratteristiche dei giocatori offensivi dell'Atletico. Con giocatori con minore velocità di punta, come Suárez, è più interessante salire in modo che possa rimanere vicino all'area, mentre con giocatori più veloci possono difendere in blocco basso per poter lanciare il contropiede.

4. La situazione in cui si trova il blocco difensivo: se si trova già ordinato per effettuare un pressing coordinato o se, al contrario, è meglio rientrare per riorganizzarsi.

5. La zona del campo.

Situazione 3: difesa in blocco medio – davanti alla zona di creazione avversaria

4-4-2

Figura 94.

Il Betis è una squadra che realizza un gioco combinatorio; pertanto, di fronte a questo tipo di avversari, i giocatori del Cholo cercheranno di mantenere l'equilibrio in tutte le loro linee, per lasciare il minor numero possibile di spazi. La disposizione può cambiare a seconda del modulo e dei giocatori, ma ci sono vari presupposti che devono essere sempre rispettati per garantire la sicurezza difensiva:

- ridurre al minimo gli spazi.

- mantenere l'equilibrio.

- riposizionarsi in maniera coordinata.

- realizzare coperture e scambi.

- rientrare.

Per fare ciò è fondamentale la predisposizione di tutti quanti i componenti e Simeone è un esperto nel convincere i suoi giocatori di quanto l'impegno di ognuno di loro sia vitale per la squadra. Nella figura 94 vediamo un 4-4-2 con l'ala sinistra, Ángel Correa (10), che sembra situarsi a metà tra la linea dei centrocampisti e la linea dei difensori. È piuttosto comune in situazioni del genere.

Situazione 4: difendendo la ampiezza degli avversari

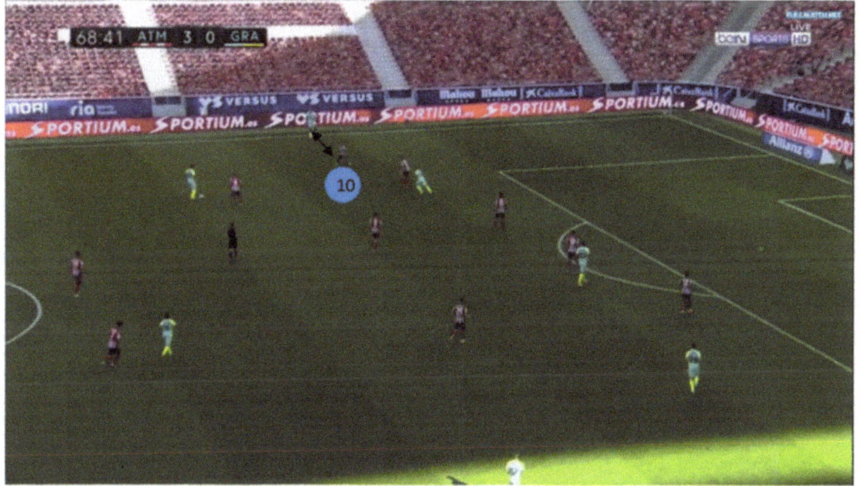

Figura 95.

In figura 95 ritroviamo Correa (10) nella stessa posizione di prima, ma in questo caso è più una situazione di circostanza, in cui l'ala va in aiuto della linea difensiva. Risulta utile per contrastare l'inserimento del terzino rivale ed evitare la superiorità numerica degli attaccanti.

In questo caso, il modulo dell'Atletico era ancora il 4-4-2 più tradizionale dell'era Simeone, dal momento che l'evoluzione della squadra non era ancora avvenuta. Gli aiuti delle ali erano frequenti, ma ciò si verifica anche con il nuovo modulo, con un attaccante che eventualmente si aggiunge alla linea di centrocampo per uguagliare numericamente gli avversari.

Situazione 5: difesa in blocco medio – davanti alla zona di creazione avversaria

5-3-2

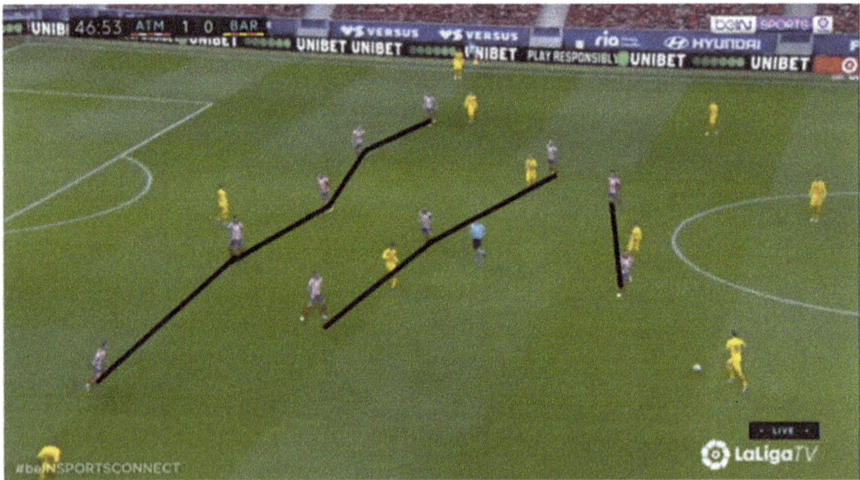

Figura 96.

Con il nuovo modulo, gli uomini di Simeone riescono a difendere meglio l'ampiezza dell'avversario, così come la zona tra i terzini e i centrali esterni. Nonostante la seconda linea abbia un uomo in meno, lo sforzo dei centrocampisti (giocatori di prestanza fisica come Saúl o Llorente) lo compensa. Per un corretta esecuzione difensiva è fondamentale sia lo scivolamento dei centrocampisti che l'equilibrio (poca distanza tra le linee), come si vede in figura 96.

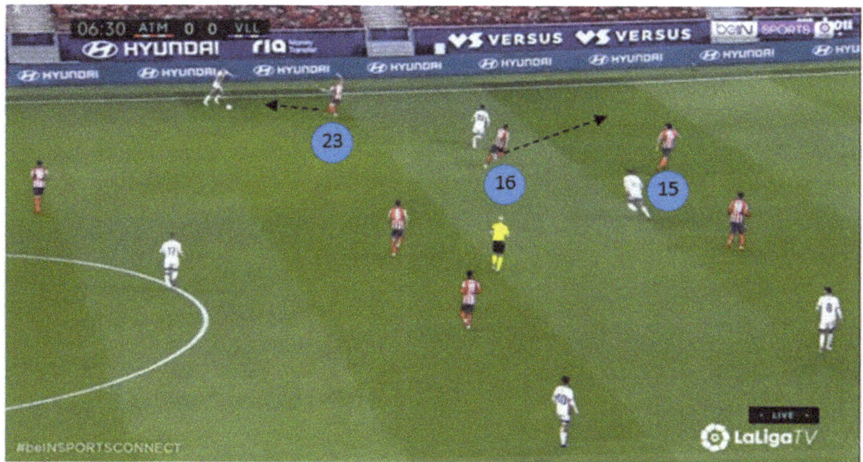

Figura 97.

L'immagine 97 ci mostra come un terzino, in questo caso Trippier (23), possa pressare l'avversario appena riceve la palla, in quanto lo spazio dietro di lui è ben coperto. Sono Herrera (16) e Savić (15) che hanno eseguito la copertura, permettendo all'inglese di pressare efficacemente.

Situazioni del genere, in cui si ceca il terzino avversario, ricordano l'atteggiamento di altre squadre di Simeone, precedenti a questa ma sempre dell'Atletico. Prima, con il 4-4-2, era l'ala a fare quello sforzo extra, mentre ora, con tre centrali, è il terzino ad uscire non appena l'avversario si trova nella zona di creazione o di finalizzazione.

Situazione 6: difesa contro avversari con grande mobilità

La strategia contro squadre che utilizzano le rotazioni e cambiano costantemente le loro posizioni, cambia leggermente rispetto al solito. Un buon esempio ci è fornito dalla partita contro l'RB Salisburgo, squadra verticale con terzini offensivi e due interni che hanno libertà di muoversi in aree diverse.

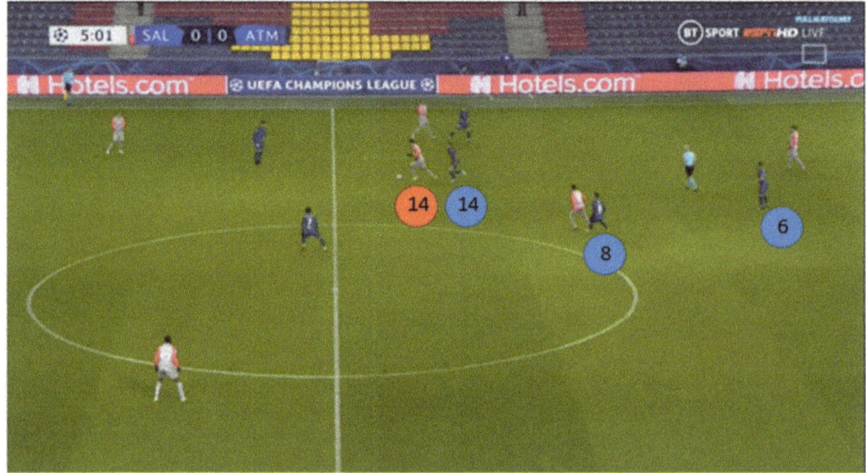

Figura 98.

Un centrocampista pressa costantemente lungo la fascia (figura 98), in questo caso si tratta di Llorente (14) su Dominik Szoboszlai (14); nel frattempo gli altri due, Koke (6) e Saúl (8), lo coprono.

Figura 99.

L'altro centrocampista esterno, Saúl (8), si occupa dell'avversario sulla sua fascia, in questo caso Enock Mwepu (45). Il comportamento collettivo è che quando uno degli interni dell'Atletico avanza di posizione, gli altri due centrocampisti lo coprono; com'è avvenuto in questa occasione con Llorente e Koke, anche se non si riesce ad apprezzare nell'immagine 99. Ci sono sempre almeno due giocatorii che mantengono la posizione

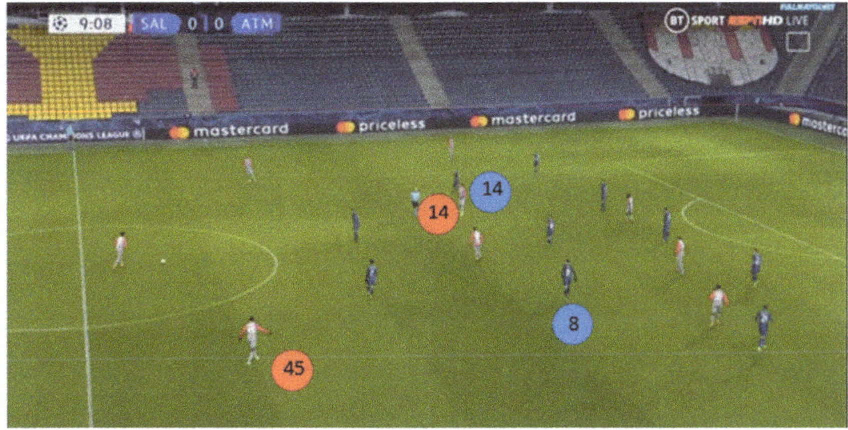

Figura 100.

Nella figura 100 si nota una differenza: Mwepu (45) ha formato una difesa a tre e Saúl (8) ha mantenuto la sua posizione, poiché la squadra era disposta in blocco medio-basso, ma ha continuato a sorvegliare

nel caso in cui il "45" del Salisburgo si fosse unito all'attacco. Invece, Llorente (14) ha seguito da vicino Szoboszlai (14).

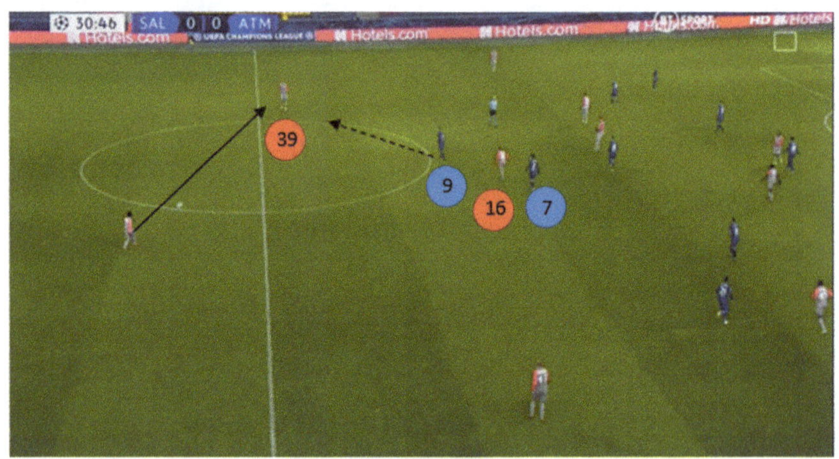

Figura 101.

D'altra parte, in queste situazioni è importante che il pressing dei due attaccanti, in questo caso João Félix (7) e Suárez (9), venga eseguito coprendo le lineee di passaggio verso il centrocampista avversario, Zlatko Junuzović (16) del RB Salisburgo. Nella figura 101, l'uruguaiano è andato su Maximilian Wöber (39), che ha ricevuto palla, ma il portoghese (7) è rimasto al suo posto in modo da non far ricevere Junuzović (16). In questi casi, la corsa di Suárez (9) deve dirigersi verso la fascia, coprendo la linea di passaggio verso l'altro difensore centrale.

Figura 102.

Per capirlo meglio, analizziamo un'esecuzione sbagliata. Nella figura 102, un primo errore è avvenuto in un cambio di direzione di Junuzović (16), che ha controllato palla senza marcature in mezzo al campo. Quando un attaccante pressa su un difensore centrale, l'altro deve coprire il centrocampista, ma così non è stato: Felix (7) è salito e Suárez (9) non è arretrato su Junuzović (16). L'uruguaiano è rimasto in una posizione in cui non ha contribuito in alcun modo, visto che il portoghese, con un pressing diretto, aveva già evitato un passaggio all'altro centrale. Inoltre, anche se quel passaggio dovesse andare a buon fine, sarebbe meno pericoloso rispetto a far ricevere il centrocampista (16).

Come conseguenza, Koke (6) si è ritrovato in terra di nessuno dovendo coprire due giocatori contemporaneamente, il che ha portato a una serie di conseguenze sfavorevoli. Tutto ciò si è verificato perché l'Atletico cercava di mantenere quattro giocatori a marcare i tre attaccanti dell'RB Salisburgo.

Ecco perché è importante che i movimenti degli attaccanti siano in sincronia e che riescano ad evitare una ricezione del centrocampista avversario in posizione di vantaggio. Devono marcare due o tre avversari, ma non con l'obbligo di recuperare palla, solo con il proposito di non dare un vantaggio a quel giocatore.

Situazione 7: difesa a 5-3-2 contro un modulo uguale

Figura 103.

In questa situazione è interessante vedere come i terzini di entrambe le squadre siano accoppiati in campo. Nella figura 103, Trippier (23) è riuscito ad anticipare il suo avversario e quindi a riconquistare il possesso.

Un altro dettaglio da considerare riguardo la tattica difensiva dell'Atletico in queste situazioni, è come Llorente (14) sia andato a pressare sul centrale sinistro. A questo punto, l'unico giocatore del Bayern che sembrerebbe non un avere una marcatura ravvicinata era il terzino sulla fascia opposta, anche se Carrasco (21) era attento in caso di un lancio lungo. In ogni caso, era abbastanza improbabile che la palla arrivasse a lui, poiché il pressing era fatto bene ed era diretto verso quella fascia sinistra.

Figura 104.

Inoltre, in quella partita il Bayern iniziò l'azione con un posizionamento simile a quello dell'Atletico, con Lucas Hernández (21) largo e pronto a chiudersi per formare una linea a tre nel momento in cui i centrali prendevano palla (figura 104). Di fronte a questo scenario, con la superiorità numerica della squadra tedesca, Simeone non ha corso rischi: a differenza di altre partite con pressing alto, come abbiamo visto nella situazione 1, la squadra è rientrata maggiormente (decisione legata all'analisi del contesto e alla capacità di avanzare da dietro dei bavaresi).

Buon inizio azione del Bayern

Figura 105.

La capacità del Bayern di proporre un gioco combinatorio che superasse le linee di pressing, ha creato situazioni come quella in figura 105. Dobbiamo però sottolineare la lettura di Hermoso (22), uscito dalla sua zona per interrompere l'azione. Un fallo tattico di estrema importanza, perché se Sané fosse uscito vittorioso da quel contrasto, la superiorità numerica in attacco sarebbe stato un problema difficile da risolvere. In ogni caso, gli uomini del Cholo non si ritrovano spesso ad affrontare situazioni come questa.

Situazione 8: pressing da un rientro intensivo

Figura 106.

Tra la figura 106 e la 107 sono passati solo otto secondi. Nella prima si vede l'Atletico difendere in blocco basso, ma dopo un retro passaggio del Bayern cominciò il pressing da un rientro intensivo. Questo movimento lo iniziano sempre i due attaccanti, ma è accompagnato da tutta la squadra per mantenere l'equilibrio.

Figura 107.

L'azione si è conclusa con l'Atletico che ha recuperato palla dopo un pressing ben indirizzato, coprendo le linee di passaggio e riducendo gradualmente gli spazi. Questa azione dimostra l'importanza di capire bene quando è il caso fare un passo in avanti nel pressing.

Il tema del pressing varia molto in base alla partita e a seconda di ciò che Simeone ritiene opportuno. Tuttavia, spesso osserviamo un'alternanza di pressing: a seconda della partita ci può essere uno di questi due aspetti, o anche entrambi.

1. Pressing alto (quello che abbiamo visto nella situazione 1).

2. Da un rientro intensivo (spiegato in questa sezione).

La scelta di Simeone viene studiata a fondo in ogni partita e dipende dal modo di giocare dell'avversario e dai rischi che è disposto a correre. Sotto quest'ultimo aspetto, vista la sua evoluzione, la squadra del Cholo è sempre più completa. All'inizio del ciclo si vedeva la squadra in un costante rientro difensivo, ma ora questa alternanza arricchisce ulteriormente il gioco sotto l'aspetto tattico.

Figura 108

Contro il Real Madrid, anche l'Atletico ha provato a spingere quando possibile. Nell'azione in figura 108, una serie di retropassaggi ha portato la palla a Courtois (13) e la squadra di Simeone ne ha approfittato per guadagnare terreno. Si vede Suárez (9) dirigere il pressing su un lato e João Félix (7) che pressava sul regista del real, pronto ad andare su Raphaël Varane (5) coprendo la linea di passaggio.

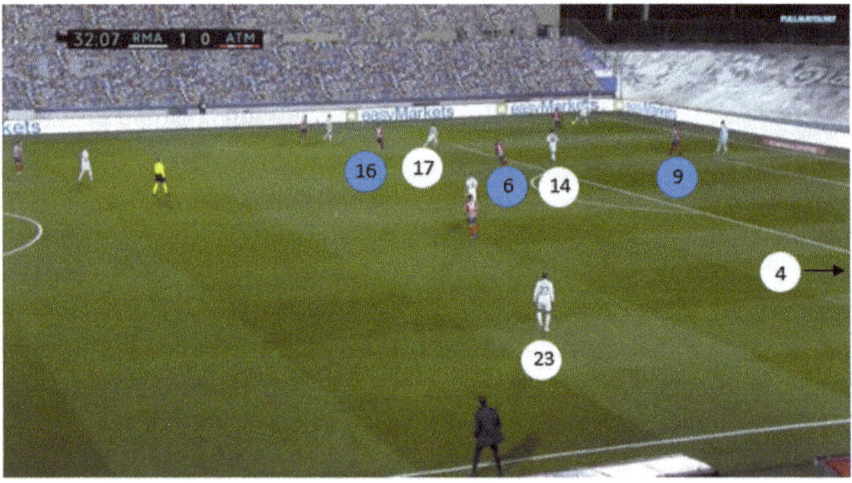

Figura 109

Subito dopo (figura 109), Koke (6) pressa su Casemiro (14) e Herrera

(16) su Lucas Vázquez (17). Tutti sono accoppiati tranne Ferland Mendy (23) e Sergio Ramos (4), poiché era comunque difficile per loro ricevere. Lo scopo del pressing era non permettere ai giocatori del Real di profilarsi verso l'interno, oltre ad evitare il rischio che supponeva un passaggio orizzontale in quella zona.

Il pressing è stato ottimo fin dall'inizio, con Suárez (9) che lo ha diretto col suo movimento, accompagnando il blocco con tutti i compagni. Grazie a questo esempio, è chiaro che lo stile dell'avversario non impedisce ai ragazzi di Simeone di eseguire un pressing alto.

Situazione 9: difesa nella zona di finalizzazione avversaria

4-3-1-2 o 4-3-2-1

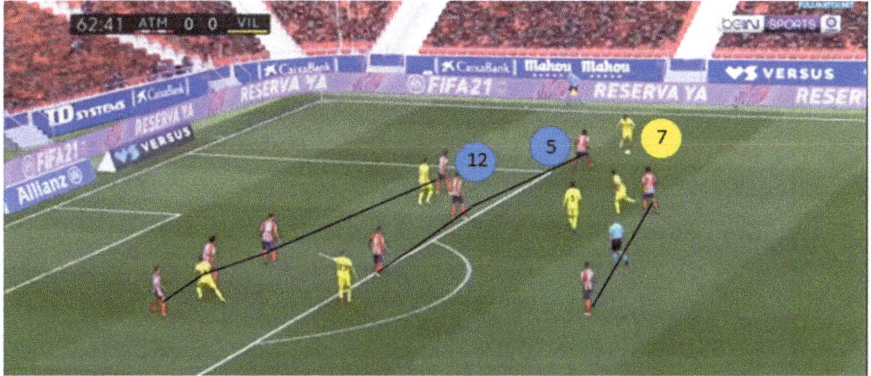

Figura 110

Quando l'Atletico Madrid gioca con il modulo 4-3-2-1, il difensore che difende l'ampiezza varia a seconda della posizione in campo in ogni momento. Ciò corrisponde alla lettura tattica dei giocatori in campo e, soprattutto, al loro posizionamento in quel frangente. Nella figura 110 vediamo come sia stato Thomas Partey (5) a difendere su

Gerard Moreno (7), mentre Lodi (12) ha mantenuto una posizione più vicina alla porta.

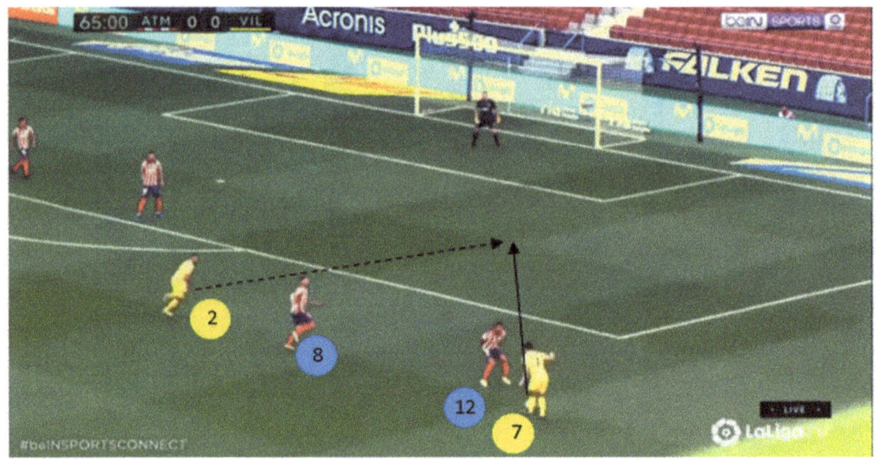

Figura 111.

D'altra parte, nell'azione in figura 111, è stato Lodi (12) che è uscito a coprire la fascia e quello spazio che si è creato, così difficile da difendere tra difesa e terzino, si è dovuto compensare con la copertura di un centrocampista, in questo caso Saúl (8). È però difficile che il centrocampista arrivi in tempo ed è per questo motivo che Mario Gaspar (2) ha avuto una chiara occasione da gol.

Quella partita contro il Villarreal, sicuramente ha fatto riflettere Simeone su come difendere meglio quella zona pericolosa e potrebbe essere uno dei motivi per cui la squadra si è evoluta verso il 5-3-2 in fase difensiva.

Situazione 10: difesa in zona di finalizzazione avversaria

5-3-2

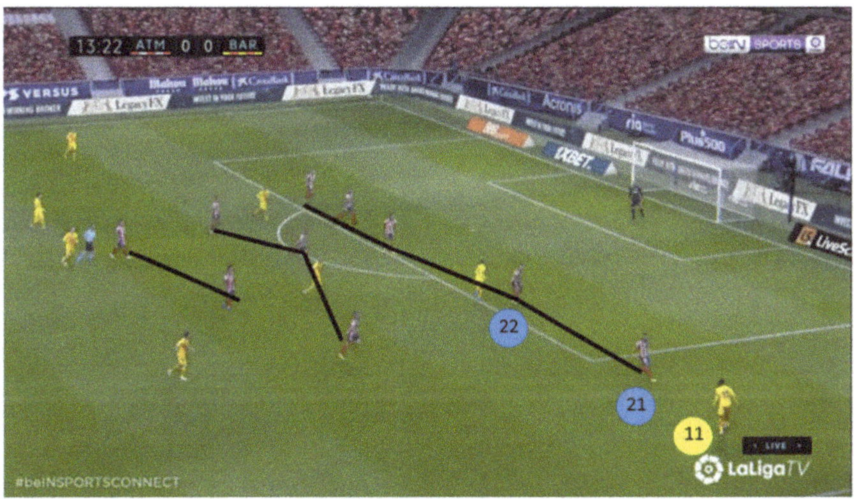

Figura 112.

Nell'azione in figura 112, era Carrasco (21) ad occuparsi di difendere l'ampiezza del campo. Hermoso (22) copriva quello spazio delicato tra il terzino e il centrale. Inoltre, nel corso della stessa partita, Simeone ha mostrato una gran capacità di intervenire: ha introdotto una variante per affrontare una situazione pericolosa, ovvero Ousmane Dembélé (11) con tempo e spazio per affrontare Carrasco (21).

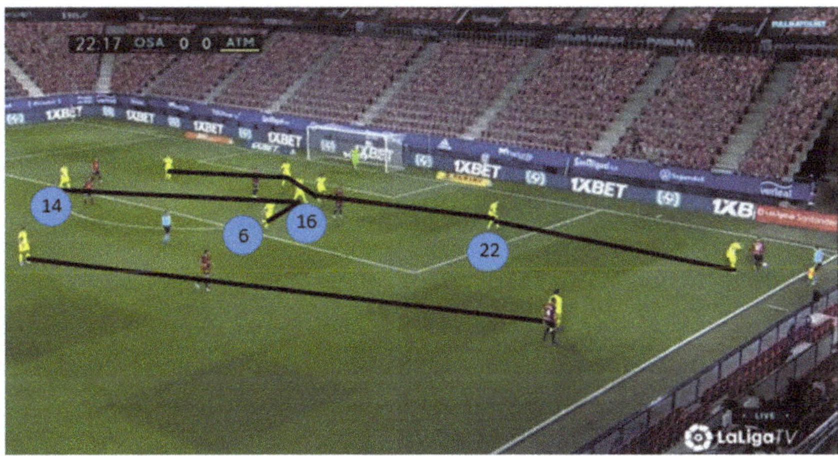

Figura 113.

Nella figura 113 è Vitolo (20) che si trovava sul terzino avversario, con Hermoso (22) attento e pronto a intervenire da dietro. I centrocampisti Koke (6), Herrera (16) e Llorente (14) si sono uniti alla difesa in area di rigore; nel caso non fosse necessario, si trovavano comunque in posizione per avere la meglio in una seconda giocata.

Quanto è importante la seconda giocata nel calcio! È un'azione in cui l'Atletico si sente sicuro, grazie all'impegno dei giocatori e all'equilibrio in fase difensiva. Se c'è poca separazione tra le diverse linee, è più facile difendere questo tipo di situazioni.

Situazione 11: possibili punti deboli nella zona di finalizzazione avversaria

Non sono molti i punti deboli dell'Atletico di Simeone sotto l'aspetto difensivo. Tuttavia, si può sempre migliorare ed è fondamentale conoscere le proprie carenze, per identificare che tipo di avversario può essere ostico per la squadra del Cholo ed effettuare quindi le dovute correzioni insieme allo staff tecnico.

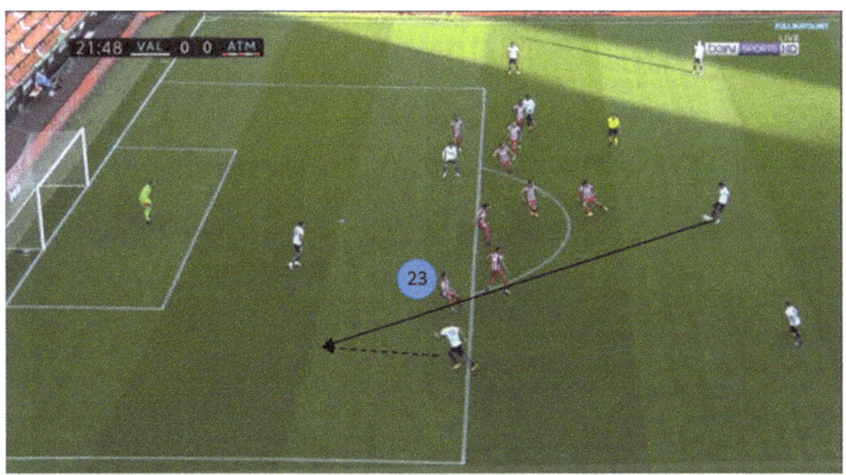

Figura 114.

L'Atletico sta concedendo pochissime occasioni da gol. Grazie al nuovo modulo, difende con grande efficacia la zona tra il centrale e il terzino, e questo è dovuto alla comprensione della posizione di Savić e Hermoso. Tuttavia, gli avversari hanno trovato altri modi per attaccare quegli spazi, per esempio creando occasioni da rete alle spalle di Trippier (23), quando il rivale ha la palla sul lato opposto.

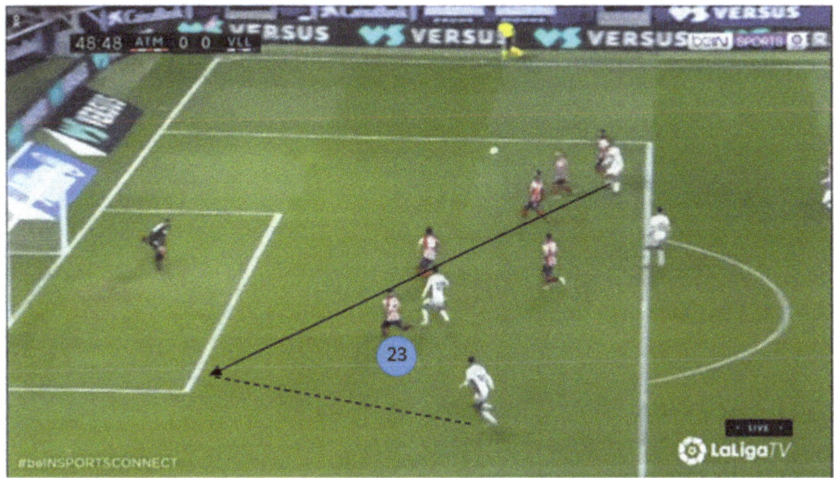

Figura 115.

Le azioni nelle figure 114 e 115 sono difficili da difendere. Sebbene

non capitino con frequenza durante le partite dell'Atletico, è importante che i terzini ne tengano conto, poiché è molto comune che la palla attiri l'attenzione dei giocatori, portandoli a trascurare ciò che si trova alle loro spalle. In entrambe le azioni è successa la stessa cosa con Trippier (23).

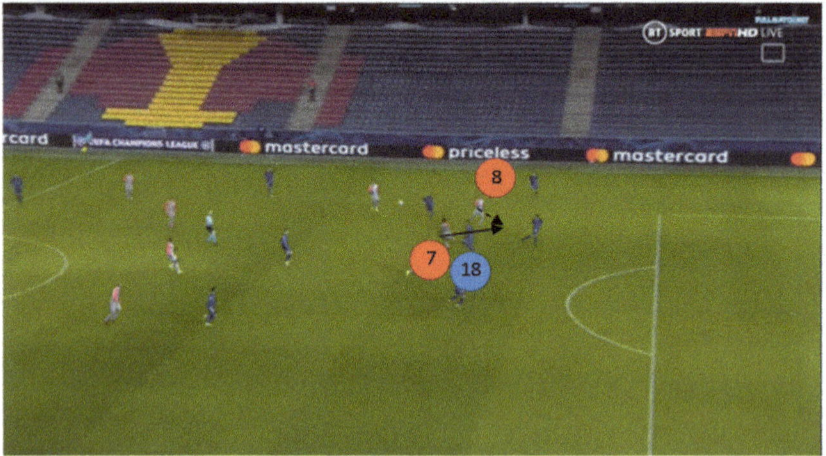

Figura 116.

D'altronde la squadra che ha fatto soffrire maggiormente gli undici di Simeone in fase difensiva è il Salisburgo. Perché è stato così problematico? Nella figura 116 si può vedere come i tre attaccanti fossero accoppiati contro i tre centrali dell'Atletico, rendendo difficile la fase difensiva. Con lo scopo di rompere l'uguaglianza numerica, sarebbe meglio avere almeno un difensore in più per poter così rimediare a certi svantaggi.

Nell'azione, Felipe (18) ha lasciato la sua posizione per contestare un pallone, ma Sékou Koïta (7) ha avuto la meglio e Mergim Berisha (8) si è ritrovato con una chiara occasione da gol. Oltre a questa difficoltà nel contrastare l'attacco degli austriaci, i ragazzi di Simeone hanno faticato anche a tenere il ritmo e l'intensità del RB Salisburgo, un aspetto che rappresenta un segno identitario chiave per il successo dell'Atletico del Cholo e che non dovrebbe mancare in nessun momento.

CONCLUSIONI

Simeone è sempre stato elogiato, giustamente, dal punto di vista difensivo. Partendo da un ordine e da alcuni principi e sotto-principi (che vedremo di seguito), quella di Simeone è sempre stata una squadra ben organizzata. Per difendere l'area non c'è squadra migliore dell'Atletico, ma bisogna evidenziare che dispone anche di molte opzioni per pressare a diverse altezze.

PRINCIPI E SOTTO-PRINCIPI DIFENSIVI

In questa sezione cercheremo di capire i comportamenti che Simeone richiede alla sua squadra, soprattutto dopo questa evoluzione. Vedremo anche in modo pratico vari punti del modello di gioco.

EQUILIBRIO

Figura 117.

È fondamentale che questo principio venga rispettato, per non lasciare troppi spazi agli avversari. Nella situazione in figura 117, la distanza tra la linea difensiva e quella dei centrocampisti è minima. Per questo motivo, l'avversario (Huesca) incontra parecchie difficoltà a trovare un passaggio verso quella zona pericolosa (dietro i centrocampisti).

RIENTRO

Figura 118.

Consiste in un movimento in blocco di tutta la squadra, per non lasciare spazi alle spalle della difesa (figura 118). È importante mantenere l'equilibrio per avere così maggiori possibilità di recuperare palla in caso di una seconda giocata.

MARCATURA A ZONA – RIDURRE LE ZONE A PICCOLI SPAZI

Figura 119.

Esistono tre tipi di marcature:

- Marcatura a zona: ad ogni giocatore viene assegnata un'area del campo di gioco, nella quale difenderà quel giocatore avversario che vi entra.

- Marcatura mista: ad ogni giocatore viene assegnata una zona, difenderà l'avversario che vi entra e lo seguirà anche quando ne esce fino alla fine dell'azione.

- Marcatura combinata: quando non tutti i giocatori usano lo stesso tipo di marcatura.

L'Atletico, così come un gran numero di squadre, nella maggior parte delle occasioni esegue una marcatura a zona. C'è però da dire che viene utilizzata anche la marcatura mista, soprattutto in specifiche situazioni di gioco in cui il numero dei difensori è uguale o inferiore agli attaccanti. Ad esempio, quando la linea difensiva a tre subisce il contropiede di tre o più avversari.

Nella marcatura a zona dell'Atletico di Simeone è importante ridurre le zone a piccoli spazi attraverso lo scivolamento, l'equilibrio tra le linee e l'aiuto continuo di tutta la squadra (figura 119).

COPERTURA

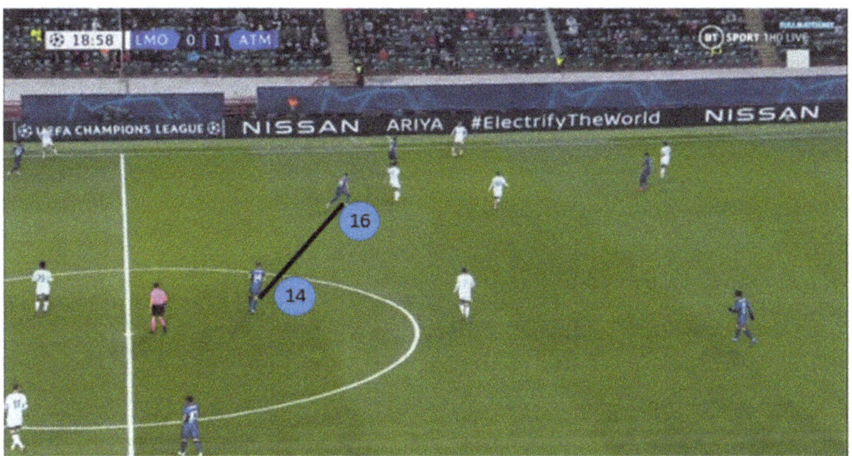

Figura 120.

È l'aiuto che viene dato a un compagno quando questi viene superato dall'avversario, solitamente alle sue spalle. Un buon sistema di copertura sarà opportunamente sfalsato. Nell'azione in figura 120, vediamo Herrera (16) e Llorente (14), la coppia di centrocampisti, in fase difensiva contro il Lokomotiv. Il messicano si trova più avanti, più vicino al pallone. Nel caso Herrera venga superato, lo spagnolo può aiutare e intervenire, poiché il pallone è rimasto davanti alla sua linea.

Figura 121.

La figura 121 esemplifica uno sfalsamento perfetto nella linea di centrocampo. Llorente (14) è il più avanzato per attaccare Lucas Hernández (il portatore di palla), e a coprirgli le spalle ci sono Koke (6) e Saúl (8), il centrocampista più lontano dalla palla.

Un errore comune è situarsi tutti alla stessa altezza. In questo modo succede che quando uno viene superato (con un dribbling o con un passaggio), vengono battuti anche gli altri giocatori della stessa linea.

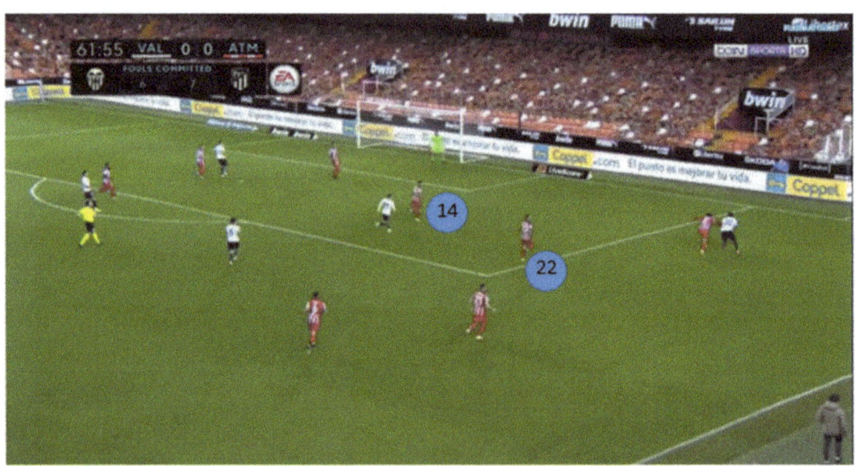

Figura 122.

Nella situazione in figura 122, si vede come Llorente (14) abbia eseguito una copertura su Hermoso (22), il quale aveva perso la sua posizione. Llorente (14) giocava da centrocampista insieme a Koke, un ruolo che nelle squadre di Simeone svolge un lavoro davvero importante. I giocatori in quel ruolo stanno sempre rimediando a situazioni sfavorevoli e dando equilibrio, oltre a tutto quello che apportano con la palla al piede.

Questa azione non è considerata uno scambio perché è solo Llorente (14) che cambia posizione per correggere la posizione di Hermoso (22), mentre il centrale non va ad occupare il posto del centrocampista. Semplicemente è stato superato ed è rimasto mal posizionato.

SCAMBIO

Figura 123.

In figura 123, Vitolo (20) effettua uno scambio dopo essere stato superato dal suo avversario. Va ad occupare la posizione lasciata libera dal compagno di squadra che ha eseguito la copertura, in questo caso Hermoso (22).

Figura 124.

Quest'altro esempio avviene nella metà campo avversaria ed è causato dai movimenti di João Félix (7) in fase d'attacco. A causa della sua tendenza a trovarsi su lato sinistro del campo, è facile che si trovi situato in quelle zone quando la squadra perde palla.

Questo non è certo un problema. Appena ci sarà l'opportunità, ognuno tornerà alla sua posizione originaria, ma nel frattempo è necessario difendere ed evitare sforzi inutili. Nell'immagine 124, Saúl (8) ha occupato la posizione di Félix nel pressing sulla difesa avversaria.

SCIVOLAMENTO

Figura 125.

Una squadra sta scivolando quando si muove in blocco da sinistra a destra e viceversa. Nell'azione in figura 125, un cambio di direzione del Granada ha costretto l'Atletico a eseguire questo movimento in blocco per non rimanere scoperto in fase difensiva. La squadra di Simeone è una delle migliori quando si tratta di eseguire questo tipo di operazione difensiva.

BLOCCO DIFENSIVO. ZONA

Come abbiamo analizzato nei vari esempi, l'Atletico è una squadra che regola il suo pressing tenendo conto del rivale. Se è un avversario che vuole costruire gioco da dietro e Simeone ritiene che pressare avanti porti più vantaggi che problemi, la squadra eseguirà un pressing alto. Se invece l'avversario non contruisce tanto dalle retrovie, ma può rivelarsi più pericoloso con un gioco diretto e con seconde giocate, l'Atletico allora mantiene il blocco in una zona medio-bassa. I due attaccanti nel frattempo cercano di impedire ai difensori avversari di

giocare troppo comodi, rendendo i lanci lunghi meno efficaci.

Per ogni partita, il Cholo raccoglie informazioni che analizza e interpreta per definire un piano specifico. All'interno dei principi difensivi che vengono comunque mantenuti, la chiave dell'allenatore argentino è l'adattabilità.

CAPITOLO 7

TRANSIZIONE DIFESA – ATTACCO

> "I due momenti più importanti della partita sono il momento in cui si perde la palla e il momento in cui si vince, poiché si producono alterazioni nei giocatori".

CONTROPIEDE O ATTACCO ORGANIZZATO

Proprio come nelle transizioni attacco-difesa, anche in quelle difesa-attacco sono presenti due fattori che determineranno se l'Atletico opterà per un contropiede o per un attacco organizzato, assicurandosi il possesso palla. Gli aspetti principali sono:

- il posizionamento dei giocatori dopo il recupero del pallone.

- la zona del campo in cui è avvenuto il recupero.

POSIZIONAMENTO DEI GIOCATORI

Si tratta di un fattore complesso e che comprende molte varianti. La più ovvia è quella dei giocatori davanti alla palla per poter effettuare un contropiede con un passaggio verticale. Ci sono però molte altre varianti, come il posizionamento della squadra avversaria (può essere molto esposta o, al contrario, equilibrata), le caratteristiche dei giocatori davanti alla palla (non è la stessa cosa avere velocisti come Llorente o Carrasco che avere giocatori come Suárez), il risultato e il contesto del momento della partita, tra gli altri.

ZONA DEL CAMPO

Come abbiamo commentato in precedenza, l'evoluzione della squadra ha portato l'Atletico a proporre un pressing più alto rispetto alle stagioni precedenti. Sicuramente uno dei motivi che Simeone ha più tenuto in considerazione è che, dopo il cambio di Morata per Suárez, la squadra ha perso velocità per fare contropiedi in grandi spazi.

Se l'Atletico recupera palla nella metà campo avversaria (che sarebbe l'ideale), prova a fare un contropiede corto in cui l'attaccante uruguaiano può dare un contributo maggiore. Se, invece, ruba palla nella propria metà campo, di solito esegue un attacco organizzato, poiché non dispone di grandi mezzi per avanzare in maniera diretta e il profilo di Suárez limita notevolmente le possibilità di contropiede.

L'intera decisione è strettamente legata all'ex attaccante di Liverpool e Barcellona, perché di solito è lui che si trova più spesso in questo tipo di situazioni; il fatto è che nemmeno João Félix, né Correa, né Lemar sono degli specialisti in contropiede. Le due eccezioni da tenere in considerazione sono quelle di Carrasco e Llorente quando gioca da centravanti.

SITUAZIONI

Tutte queste varianti sono state analizzate durante varie partite e le relative situazioni specifiche.

Situazione 1: di fronte a una difesa mal posizionata

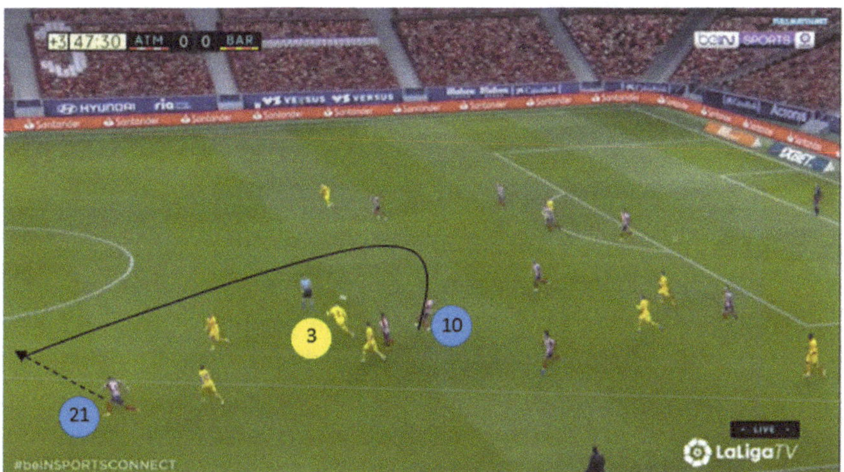

Figura 126.

Dopo una palla persa di Gerard Piqué (3), si è verificata una situazione ideale (figura 126) e Correa (10), senza esitare, ha lanciato un velocista

come Carrasco (21). Il belga si è ritrovato con la metà campo intera davanti a sé, con l'unica opposizione di Marc-André ter Stegen, che ha cercato di anticipare senza riuscirci, per cui l'azione si è conclusa con un gol.

L'Atletico quando può va in contropiede e, in questo caso, dobbiamo evidenziare che lo ha fatto con Carrasco (21) da terzino. Ciò dimostra che la difesa a cinque non sempre rende la squadra più difensiva.

Situazione 2: centravanti fisso

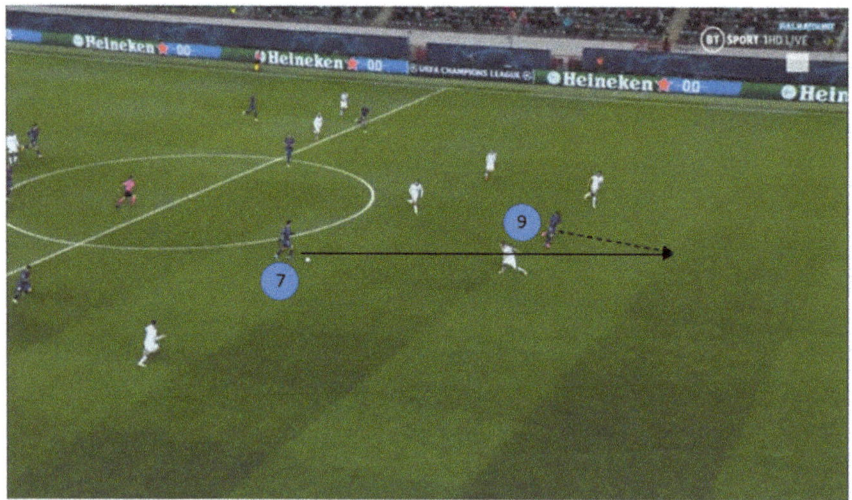

Figura 127.

Suárez (9) non è il più veloce della squadra, ma quando è in campo può essere una minaccia nelle transizioni brevi (quando si recupera palla nella metà campo avversaria), poiché è solito mantenere una posizione molto avanzata durante la fase difensiva, permettendogli di offrire profondità immediata in caso di recupero. Nell'azione in figura 127, João Félix (7) ha rubato la palla in una zona delicata per gli avversari e l'Atletico ha avuto una grande occasione da rete.

L'importante è che l'uruguaiano non abbia troppi metri di vantaggio, visto che in corsa i difensori tendono ad essere più veloci di lui. Qualcosa di simile è successo a Diego Costa nei suoi ultimi anni nella formazione biancorossa.

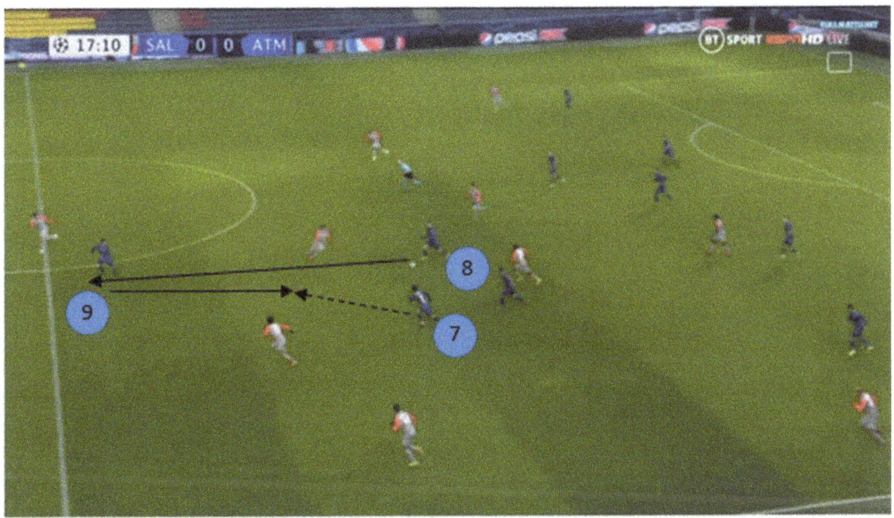

Figura 128.

In figura 128 c'è stato un recupero di Saúl (8) e Suárez (9) era ancora una volta il giocatore più avanzato. La velocità, come già sappiamo, non è tra i punti forti dell'uruguaiano, soprattutto in quest'ultima fase della sua carriera, ma è bravo a tenere il pallone e, dopo aver aspettato, è riuscito a servire João Félix (7).

Come si vede, se il recupero avviene vicino alla porta avversaria, Suárez può essere una minaccia anche in contropiede, ma se si verifica con molto spazio davanti a sé, sarà limitato dalla sua scarsa velocità di punta.

Situazione 3: profondità

Figura 129.

Quando Llorente (14) gioca da centravanti, in situazioni come questa è un pericolo imminente, come ha potuto dimostrare ad Anfield (figura 129). Quando invece gioca da centrocampista, è più difficile vedere contropiedi del genere, poiché in fase difensiva parte da posizioni molto più distanti dalla metà campo avversaria.

L'opzione di far giocare lo spagnolo come attaccante è un'ulteriore opzione per la formazione del Cholo e sembra la scelta migliore nel caso in cui l'Atletico voglia andare in contropiede. Come abbiamo detto, Llorente e Carrasco hanno quella velocità di punta e grinta necessarie per attaccare gli spazi contro qualsiasi avversario.

Situazione 4: carenza di attaccanti

Figura 130.

Nell'azione in fugura 130, dopo un recupero, il pallone arriva a Correa (10). L'argentino era il calciatore più avanzato, ma a causa del rientro dell'Atletico e della superiorità numerica del Bayern, non è stato in grado di continuare la sua progressione verso la porta avversaria. In queste occasioni gli uomini di Simeone cercano di passare a un attacco organizzato e mantenere il possesso palla.

CONCLUSIONI

Ogni volta che gli è possibile, l'Atletico prova a realizzare attacchi veloci. Quando però i recuperi palla avvengono nella metà campo avversaria, diventa una squadra non particolarmente efficace in contropiede. La sostituzione di Suárez per Morata, sotto questo aspetto, è stata molto significativa e ha segnato l'evoluzione della squadra in questo aspetto del gioco.

CAPITOLO 8

CALCI PIAZZATI

> "I calci piazzati possono sbilanciare le partite, sia nel bene che nel male"

Nel momento in cui si attacca o si difende in situazioni a palla ferma, Simeone dà particolare importanza alle varie zone, come vedremo di seguito, insieme ai tipi di marcature che vengono effettuate.

CALCI PIAZZATI - ATTACCO

CALCIO D'ANGOLO

Figura 131.

I numeri che appaiono nella figura 131, sono importanti per capire come l'Atletico Madrid è solito comportarsi nei calci d'angolo offensivi. Questa statistica, relativa alle prime 16 partite di campionato, riflette cosa decide di fare l'Atletico quando deve effettuare un corner in attacco.

- L'11% delle volte gioca corto.

- Il 26% cerca il secondo palo.

- Il 63% calcia il pallone sul primo palo.

Situazione 1: corner corto

Figura 132.

Anche se non sono la scelta più frequente, di tanto in tanto si effettuano corner corti. Si tratta di giocate che vengono provate in allenamento e cercano principalmente un angolo migliore per crossare, oltre a fare uscire la difesa avversaria. Da quella posizione è più semplice fare un cross. L'azione in figura 132 potrebbe essere dovuta più al risultato che a un'azione allenata proprio per quel frangente, ma abbiamo altri esempi.

Figura 133.

Nell'azione in figura 133, João Félix (7) ha giocato corto per Carrasco

(21) approfittando della distrazione degli avversari. Da lì, gli si sono presentate diverse opzioni, una cosa comune in questo tipo di calci d'angolo; tra le varie possibilità, ad esempio, c'era un passaggio a Lodi (12), restituirla al portoghese o crossare in area con un angolo migliore, cosa che, alla fine, il giocatore belga ha fatto.

Figura 134.

Un'altra variante è quella che si vede in figura 134. Félix (7) si è smarcato in appoggio partendo dall'area piccola e ha attirato a sé due difensori; Koke (6) gli ha passato palla e il portoghese gliel'ha restituita di prima.

Situazione 2: corner diretto

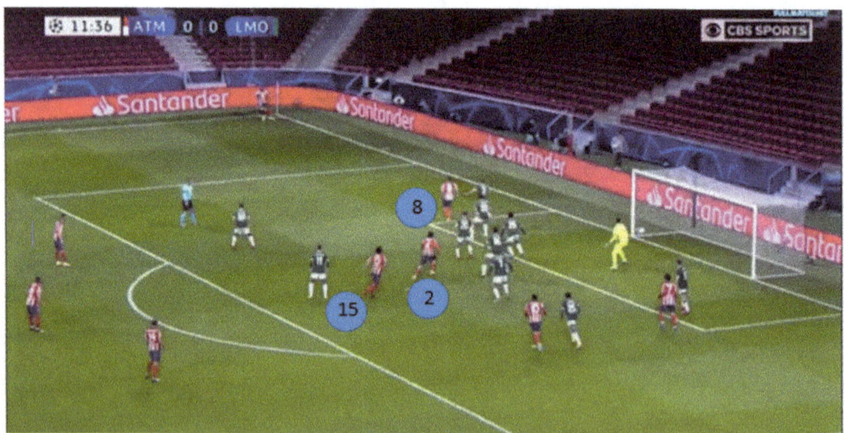

Figura 135.

L'Atletico Madrid di Simeone ha una giocata predefinita e le statistiche non mentono: la maggior parte degli attaccanti muovono la difesa andando sul primo palo. In questo modo, si crea spazio sul secondo palo, da sfruttare dopo un prolungamento. Nella figura 135 i primi potenziali ricevitori sono Saúl (8), Giménez (2) e Savić (15), tutti e tre dotati di una grande abilità nel gioco aereo.

Figura 136.

Questa azione in particolare, dopo un rilancio imperfetto della difesa del Lokomotiv, si è conclusa con un tiro insidioso di Llorente (14). Come si vede in figura 136, viene data importanza a quella seconda giocata, poiché ci sono tre giocatori posizionati davanti all'area piccola.

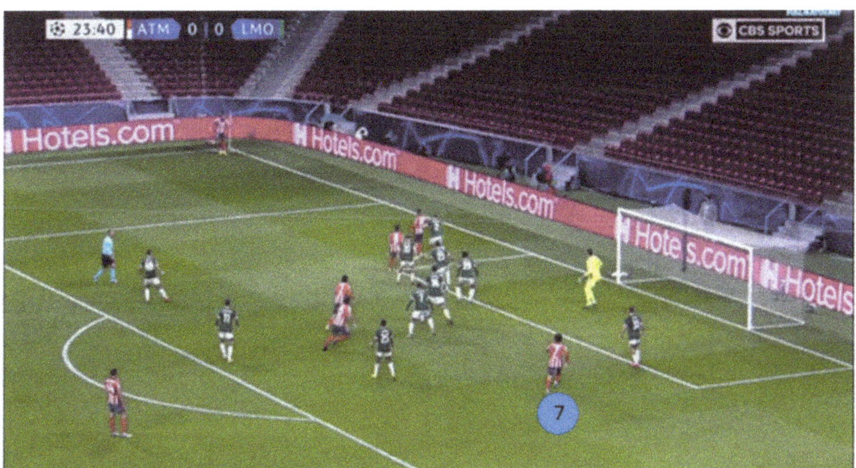

Figura 137.

Nell'immagine 137, in cui i quattro attaccanti dell'Atletico hanno già effettuato i loro movimenti sul primo palo, si può apprezzare meglio la situazione vantaggiosa che si genera sul secondo palo in caso di prolungamento: João Félix (7) si trovava con un solo difensore e molto spazio. Tutto questo all'interno dell'area e con ciò che suppone un eventuale prolungamento dal primo palo, poiché è probabile che il difensore perda di vista il pallone o il suo uomo.

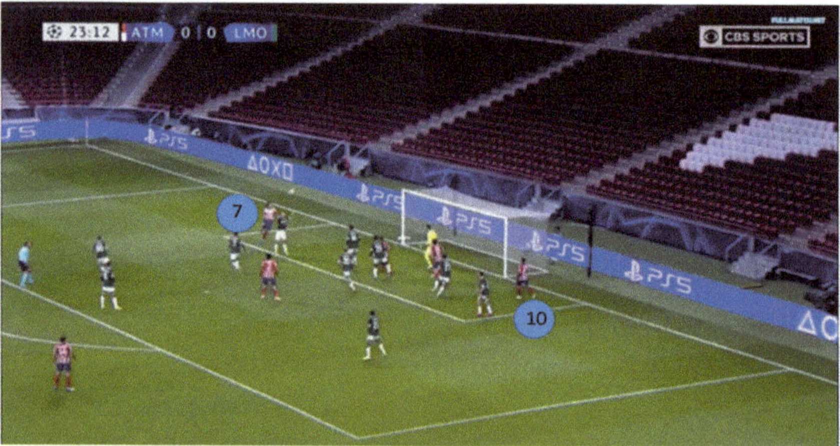

Figura 138.

In questa occasione (figura 138), Correa (10) ha prolungato e Félix (7) ha saltato per colpire di testa, ma il difensore è riuscito a infastidirlo.

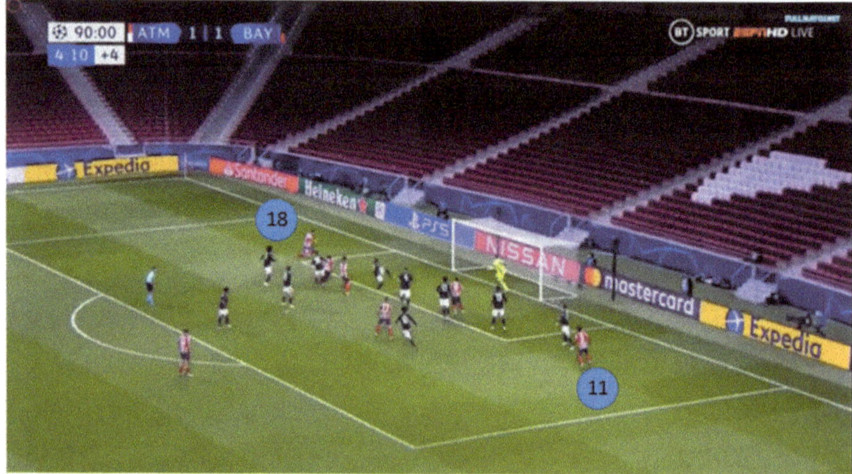

Figura 139.

La figura 139 mostra la stessa giocata ma con giocatori diversi per via del-le sostituzioni durante la partita. Lemar (11) prolunga di testa sul secondo palo, ma Felipe (18) non riesce a tirare. Il calcio spesso dipende dai piccoli dettagli, perché se ci fosse stato Felix, forse il risultato sarebbe stato diverso.

Figura 140.

Un altro dettaglio interessante: nell'azione tentata in figura 140, si cercava una conclusione sul primo palo, ma vale la pena evidenziare il blocco eseguito da Felipe (18), per rendere difficile la marcatura su Kondogbia (4).

Figura 141.

L'azione in figura 141 è meno abituale, come si evince dalle statistiche, ma è una variante utilizzata e valida. I giocatori sono ammucchiati in

area sul primo palo, per lasciare spazio libero a Llorente (14) che si è inserito da dietro. Il pallone è stato lanciato direttamente sul secondo palo senza essere prolungato.

CONCLUSIONI

Come abbiamo visto, ciò che solitamente Simeone cerca, in questo tipo di azioni, è imporsi sul primo palo e da lì prendere un tiro o effettuare un prolungamento insidioso. Tuttavia, a seconda dell'avversario, vengono fatte alcune modifiche, sia per coglierlo di sorpresa, che per scovare i suoi punti deboli.

Va anche detto che l'Atletico non ha un battitore specifico. Tra i membri della squadra attuale hanno calciato Koke, Trippier, Carrasco, Vitolo, Correa, Lodi, Lemar e João Félix.

PUNIZIONI DIRETTE

Figura 142.

In figura 142, Correa (10) manda la palla direttamente in area cercando il secondo palo. La giocata si è conclusa con un tiro di Savić (15) senza troppe pretese.

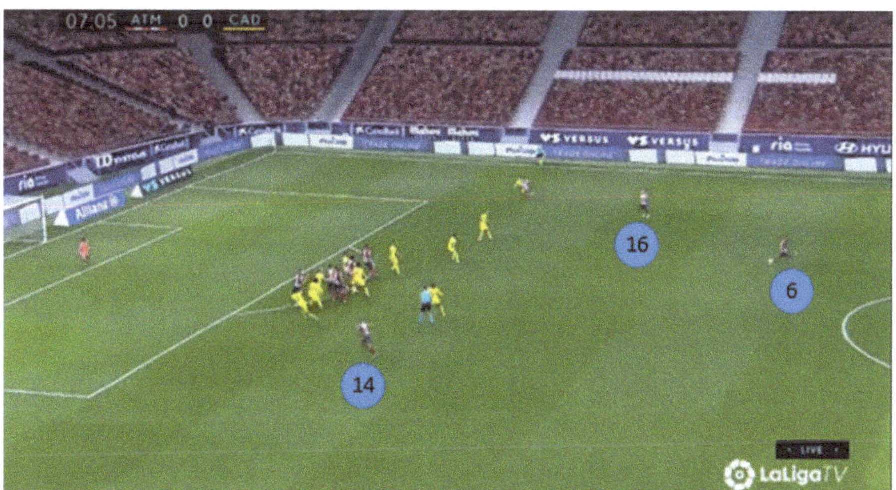

Figura 143.

Questa azione (figura 143) è praticamente una copia della precedente. La differenza sta nel fatto che la punizione l'ha battuta corta Herrera (16) per Koke (6), che ha effettuato il cross alla ricerca di

Llorente (14), il quale ha provato a sorprendere gli avversari arrivando da dietro e liberandosi del suo marcatore. La giocata si è conclusa con un gol grazie a una seconda giocata e a una brutta uscita del portiere avversario.

Figura 144.

Nel caso di un calcio di punizione laterale, l'Atletico si comporta come se fosse un calcio d'angolo. In figura 144, Trippier (23) manda la palla direttamente in area, alla ricerca del tiro di Saúl (8).

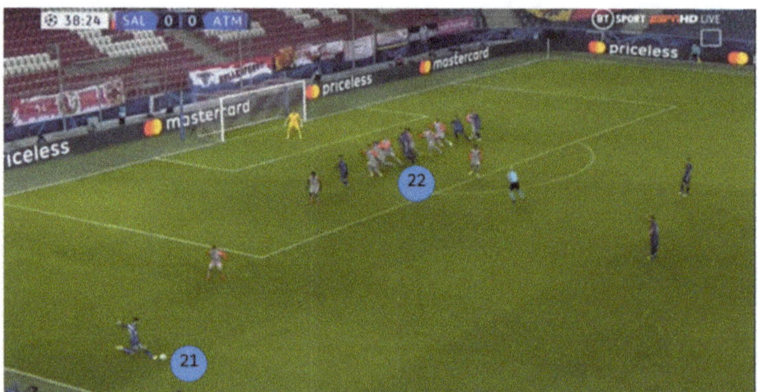

Figura 145.

L'azione in figura 145 ha portato al primo tiro in porta diretto su calcio piazzato della stagione 2020/21. Dopo un gran cross di Carrasco (21) verso la porta sul primo palo, Mario Hermoso (22) riesce ad anticipare la difesa e a concludere.

RIMESSE LATERALI

Figura 146.

Nonostante il ruolo da difensore centrale, Hermoso (22) è l'incaricato abituale delle rimesse da sinistra (figura 146). Ciò non influisce sulla disposizione tattica della squadra, dal momento che il centrale recupera la sua posizione subito dopo aver messo in gioco la palla. È un dettaglio che dimostra la sua versatilità.

Figura 147.

Tuttavia, nella zona di finalizzazione si è soliti vedere anche Carrasco (21) eseguire questo tipo di rimesse (figura 147).

CALCI PIAZZATI - DIFESA

CALCI D'ANGOLO

Per difendere sui calci d'angolo, Simeone decide di combinare vari tipi di marcature e di spartire le responsabilità: dei giocatori difendono a zona, mentre altri seguono alcuni avversari in particolare. Le seguenti immagini ce lo mostrano graficamente (figure da 147 a 153).

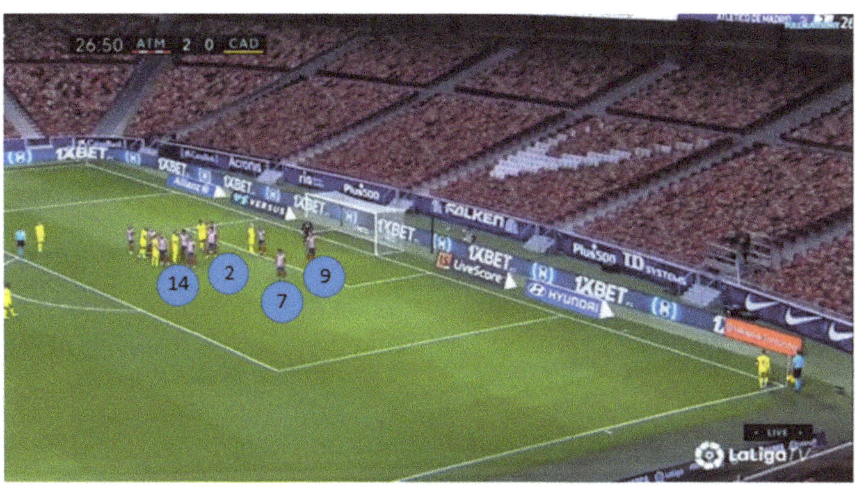

Figura148.

- João Félix (7) deve spazzare via un'eventuale battuta corta (figura 148).

- Suárez (9) copre il primo palo nell'area piccola.

- Giménez (2) nell'area piccola.

- Llorente (14) sul dischetto di rigore, tenendo d'occhio la lunetta in caso di una seconda giocata.

- Il resto dei giocatori marcano a uomo.

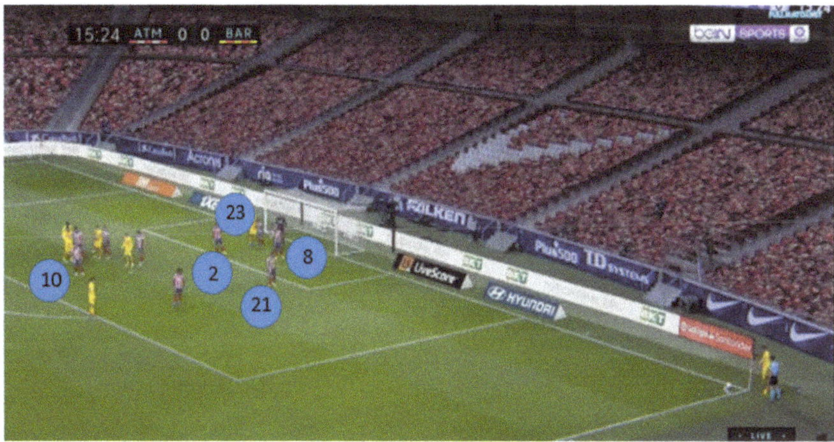

Figura 149.

- Carrasco (21) sulla battuta corta (figura 149).

- Saúl (8) sul primo palo nell'area piccola.

- Giménez (2) nell'area piccola.

- Correa (10) sul dischetto, tenendo d'occhio la lunetta in caso di una seconda giocata.

- Da segnalare anche il ruolo di Trippier (23), marcando il giocatore del Barcellona che cercava di infastidire Oblak. Evidentemente, vista la sua altezza, sembrava il più adatto a farlo.

- Il resto dei giocatori marcano a uomo.

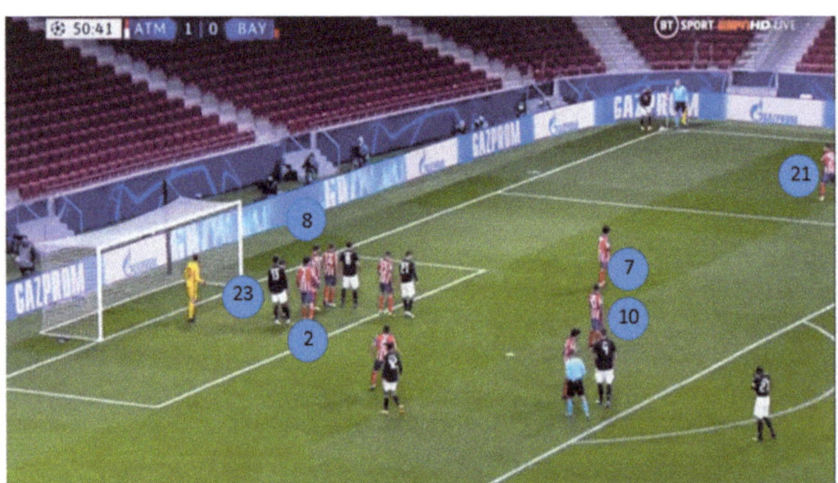

Figura 150.

- João Félix (7) sulla battuta corta (figura 150).

- Saúl (8) sul primo palo nell'area piccola.

- Giménez (2) nell'area piccola.

- Correa (10) sul dischetto, tenendo d'occhio la lunetta in caso di una seconda giocata.

- Ancora una volta Trippier (23) sul giocatore del Bayern che stava cercando di infastidire Oblak.

- In questa situazione c'è da evidenziare la posizione di Carrasco (21), che marcava il giocatore che offriva un appoggio corto al battitore.

- Gli altri giocatori marcano a uomo.

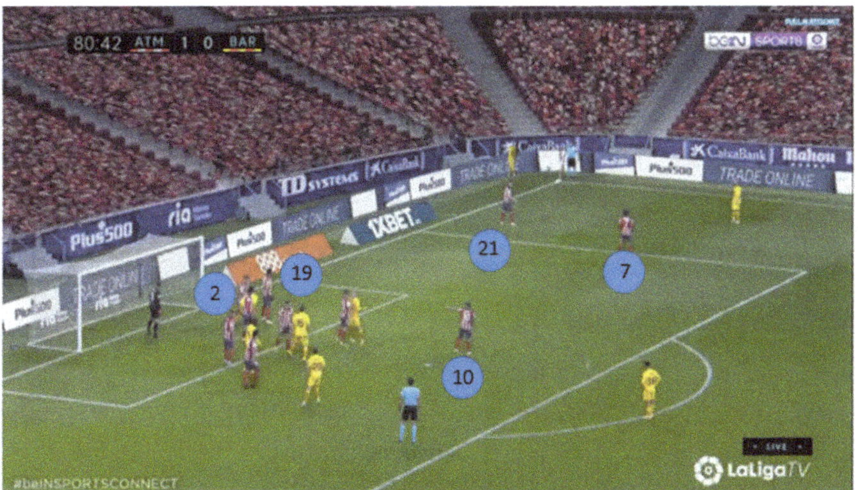

Figura 151.

- Diego Costa (19) si trova sul primo palo nell'area piccola (figura 151).

- Giménez (2) nell'area piccola.

- Correa (10) sul dischetto, tenendo d'occhio la lunetta in caso di una seconda giocata.

- Ancora una volta Trippier (23) sul giocatore del Bayern che stava cercando di infastidire Oblak.

- Inoltre, Carrasco (21) e João Félix (7) hanno lasciato l'area nel caso in cui l'avversario avesse giocato corto, cosicché non ci sarebbe stata inferiorità numerica, ma un due contro due.

Figura 152.

Dalla figura 152 si vede che solo Lemar (11) è uscito dall'area per infastidire un eventuale battuta corta del giocatore avversario, il quale aveva il potenziale ricevitore lontano dal corner.

Figura 153.

Lo stesso è accaduto nell'esempio in figura 153, contro il Valladolid, in cui solo Vitolo (20) si è avvicinato, con il battitore e il potenziale ricevitore più vicini. Dopo la battuta corta, però, è venuto in aiuto Lemar

(11) e la situazione è passata da due contro uno a due contro due.

Figura 154.

Nell'azioneinfigura154,Casemiro(14)sièimpostosulprimopaloehafat
to gol. Di fronte a un crossatore come Kroos e tiratori della levatura del
Real Madrid, la situazione è ovviamente difficile da difendere. In questi
casi, la buona riuscita dipende, in larga misura, dal fatto che ciascuno
vinca i propri duelli individuali; di fatto, nonostante la superiorità
numerica dell'Atletico in quella zona, non ha potuto evitare il gol.

CONCLUSIONI

L'applicazione di una difesa con marcatura
combinata è una caratteristica dell'Atletico: utilizza
sia le marcature a uomo (marcature individuali) che le
marcature a zona, come abbiamo visto nelle diverse
immagini. Da notare che la formazione di Simeone,

in queste giocate difende con tutti gli 11 giocatori, almeno nella stragrande maggioranza delle situazioni. Inoltre, a seconda che il Cholo voglia dare priorità all'area o meno, uno o due giocatori escono per marcare il battitore e il potenziale ricevitore in appoggio. Contro rivali come il Barcellona con Lionel Messi, non vuole certo concedere un due contro uno in angolo e manda due uomini per evitare l'inferiorità numerica.

PUNIZIONI DIRETTE

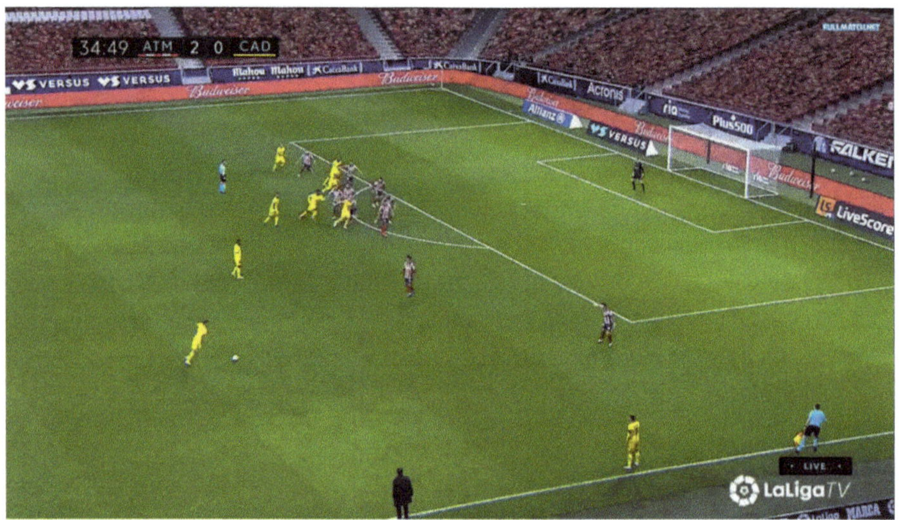

Figura 155.

Il modo di difendere queste giocate, dal punto di vista di Simeone consiste in una marcatura combinata, disponendo la linea difensiva sulla tre quarti (figura 155). Si difende quindi con tanti giocatori, impegnati ad occupare l'area non appena l'attaccante mette in gioco la palla. Di solito le marcature sono individuali e, vista la superiorità numerica della squadra, i giocatori rimanenti occupano aree diverse per cercare di spazzare via il pallone.

Figura 156.

Per difendere questo tipo di punizioni laterali, solitamente le squadre prendono in considerazione uno stimolo specifico, con il quale iniziare la corsa verso la zona difensiva; la cosa più importante è che tutti i giocatori reagiscano esattamente nello stesso momento. Come si può vedere nelle ultime due figure (155 e 156), l'Atletico è solito iniziare questo movimento di gruppo nel momento in cui il battitore inizia a dirigersi verso la palla.

CAPITOLO 9

DIREZIONE DI GARA DI SIMEONE

Essere in grado di sviluppare buoni piani di gara è importante quanto avere la capacità di intervenire durante la partita per cercare di fornire la miglior soluzione possibile per la squadra. Questa capacità in molte occasioni riesce a modificare il corso di un incontro. Simeone è un allenatore che è solito modificare aspetti della sua squadra durante la partita, come vedremo in due match molto impegnativi contro il Barcellona e il Real Madrid.

CONTRO IL BARCELLONA

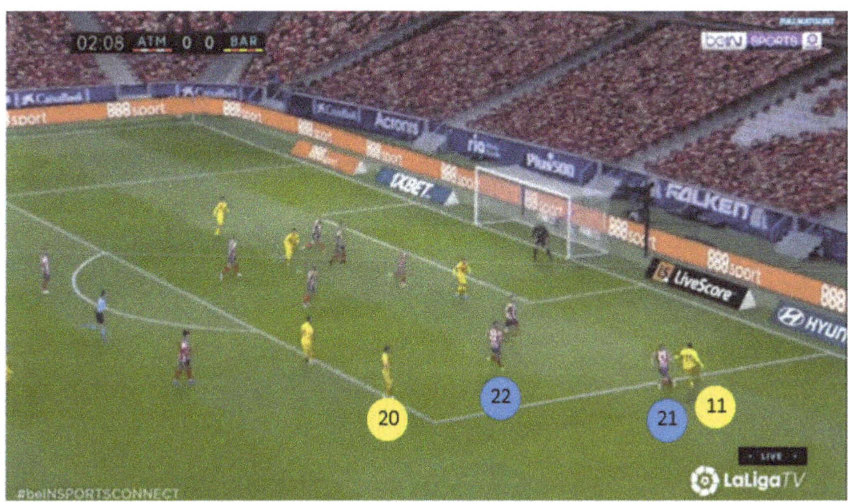

Figura 157.

Dembélé era marcato sulla fascia da Carrasco (21), il quale stava soffrendo molto nel cercare di fermare un giocatore così sbilanciante (figura 157). Inoltre, il compito si è complicato per l'inserimento del terzino Sergi Roberto (20), marcato da Hermoso (22). Fermare l'ala francese in uno contro uno già è complicato, ma se lo deve fare uno come il belga, che non è uno specialista difensivo, lo è ancora di più.

Come ha agito Simeone?

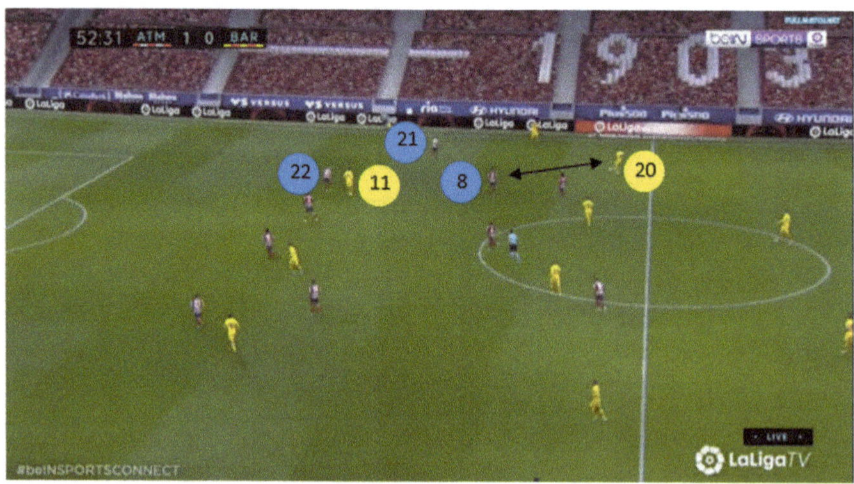

Figura 158.

Come si può osservare in figura 158:

- Hermoso (22) è stato liberato e si è messo a marcare Dembélé (11). Trovandosi ad affrontare un difensore di alto livello, il francese non si è più rivelato così pericoloso e i rischi di prendere gol si sono ridotti notevolmente.

- Saúl (8) si è preso maggiori responsabilità difensive e si è occupato degli inserivemti di Sergi Roberto (20), facendo sentire l'Atletico e, soprattutto Carrasco (21), più tranquilli.

CONTRO IL REAL MADRID

Figura 159.

Il Real Madrid stava tenendo il controllo del gioco e questo era dovuto, in gran parte, al fatto che i due giocatori con le maggiori capacità tecniche, Toni Kroos (8) e Luka Modrić, ricevevano palla senza opposizioni. Il tedesco si è allargato e ha approfittato del fatto che Ferland Mendy (23) teneva lontano Llorente (14), suo possibile marcatore, per avere più spazio (figura 159).

Figura 160.

Qualcosa di simile è successo dall'altro lato del campo (figura 160) con le incursioni di Modrić (10) sulla fascia, mentre Carvajal (2) era

marcato da Koke (6). La situazione di queste due immagini (159 e 160) si è ripetuta spesso ed è così che il Real Madrid stava riuscendo a dominare la partita.

Come ha risposto Simeone?

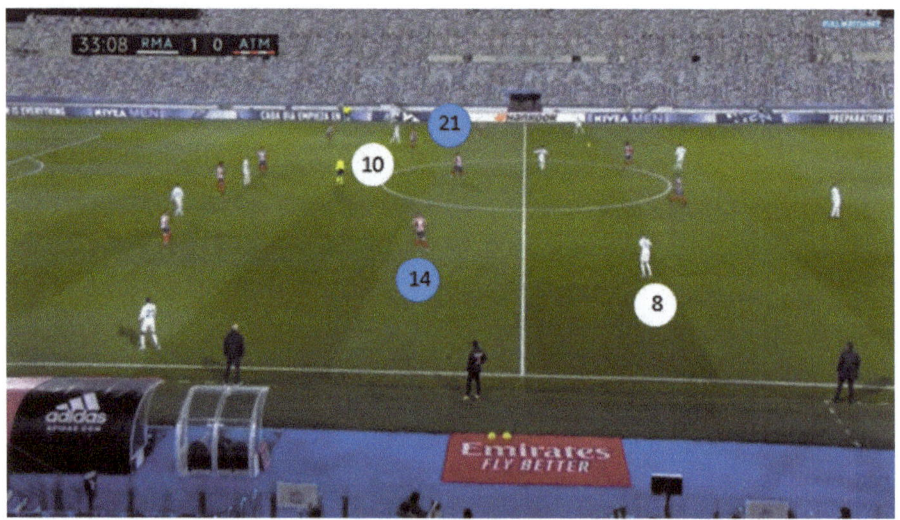

Figura 161.

Questa situazione era dovuta principalmente al modulo di gioco dell'Atletico: il calcio è questione di priorità di spazi ed è evidente che con un 5-3-2 le zone laterali sono più difficili da difendere. In questo caso, vedendosi sopraffatto, Simeone ha deciso di rimediare e passare al 4-4-2, avanzando Carrasco (21) e piazzando Llorente (14) sulla fascia destra (figura 161).

Con questa nuova disposizione, l'Atletico è migliorato e ha avuto un maggiore controllo del gioco. Kroos (8) e Modrić (10) erano più difficili da trovare e non hanno più ricevuto palla facilmente, grazie a Llorente (14) e Carrasco (21) che si sono posizionati più vicini alla loro zona di ricezione

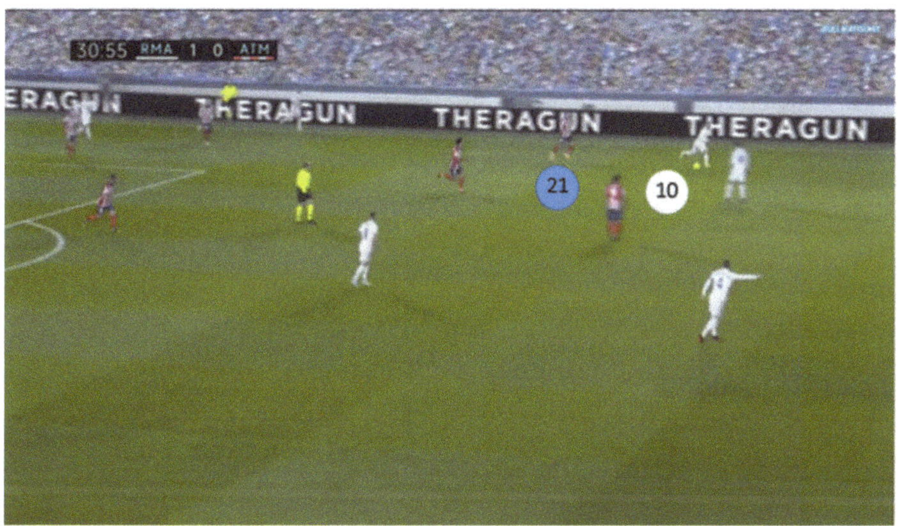

Figura 162.

In figura 162 si può vedere Carrasco (21) marcando Modrić (10), il quale ha dovuto fare un passo indietro. Ciò è stato possibile grazie agli aggiustamenti di Simeone.

CAPITOLO 10

PUNTI FORTI E PUNTI DEBOLI

Riassumere in poche parole tutte le fasi del gioco è difficile, ma credo che completando questa tabella sia possibile avere un quadro visuale dei punti di forza e di debolezza. Per riflettere sull'aspetto tattico dell'Atletico di Simeone, sarebbe interessante completare questa tabella.

SIMEONE TATTICO		PUNTI FORTI	PUNTI DEBOLI
OFFENSIVO	INIZIAZIONE		
	CREAZIONE		
	FINALIZZAZIONE		
DIFENSIVO	INIZIAZIONE		
	CREAZIONE		
	FINALIZZAZIONE		
TRANSIZIONI	DIFESA-ATTACCO		
	ATTACCO-DIFESA		
CALCI PIAZZATI	OFFENSIVI		
	DIFENSIVI		
DIREZIONE DI GARA			

CAPITOLO 11

ESERCIZI D'ALLENAMENTO

Per concludere, può essere utile analizzare degli esercizi per lavorare su diversi aspetti, in modo pratico. Ecco nove esempi di esercizi d'allenamento che enfatizzano principi e sotto-principi tattici molto importanti nel gioco di Simeone.

Ciò che si può estrarre da questo capitolo è cosa tenere in considerazione quando si pianificano gli allenamenti. Per quanto riguarda il numero di ripetizioni, il tempo di recupero e la durata di ogni serie, sono punti che dipendono da molti fattori (età dei giocatori, periodo della stagione, giorno della settimana, tra le altre cose).

Inoltre, quando ci troviamo un esercizio fondamentalmente preparato per acquisire concetti a livello difensivo, ciò non significa che non vengano trasmessi concetti anche a livello offensivo e che non ci debbano essere correzioni. Lo stesso vale anche per gli esercizi offensivi.

ESERCIZI DIFENSIVI

ESERCIZIO 1

Materiale	pettorine, coni, palloni, mini porte.	Compito	Possesso palla condizionale.

Ripetizioni	Recupero	Spazio	Giocatori
		10m x 10m	12 (6 contro 6)

Descrizione
I 4 giocatori della squadra in possesso palla (i rossi), devono muoverla il più velocemente possibile, finché non riescono a passarla a uno degli altri due compagni (5 e 6 rossi). Quello che riceve il pallone, rapidamente, fa un tocco verso l'altro compagno, il quale cercherà di fare gol in una mini porta, guadagnando così un punto. Quando una squadra perde palla, il possesso passerà alla squadra avversaria.

Obiettivi	
Difesa	Scivolamento e mantenere le linee compatte.
Attacco	Movimento palla e superare le linee di passaggio.

Tempo

Varianti	Regole
Limite, o no, di tocchi a seconda della velocità che si voglia dare al gioco.	Massimo di 2 tocchi per giocatore e non uscire dalla zona delimitata dai 4 coni.

Questo esercizio è stato visto fare da Simeone in una delle sue sessioni di allenamento. È un esercizio in qualche modo analitico e tocca concetti importanti come scivolare e mantenere la compattezza per bloccare le linee di passaggio. È altamente raccomandato per automatizzare i meccanismi a livello difensivo in una stessa linea.

ESERCIZIO 2

Materiale	pettorine, coni, palloni, mini porte.	Compito	Esercizio analitico difensivo.

Ripetizioni	Recupero	Spazio	Giocatori
		½ campo	4 (o più) portiere incluso

Descrizione

Il giocatore (n°2) eseguirà due esercizi di fila per migliorare la tecnica individuale difensiva.
Primo, liberare l'area di rigore con un rilancio indirizzato.
Secondo, difendere un 1 contro 1 ben definito, resistendo fino a recuperare il pallone nel momento esatto.
Tra un esercizio e l'altro si ferma brevemente e riprende con la massima intensità.

Obiettivi

Difesa	Scivolamento e mantenere le linee compatte.
Attacco	Movimento palla e superare le linee di passaggio

Tempo

Varianti	Regole
Cambiare lato per cambiare profilo di giocatore, cambio di attaccante (soprattutto tra destri e mancini).	Se possibile, è meglio che ci siano dei colpitori di testa al centro dell'area, in modo che, oltre a migliorare i profili e il rilancio orientato, lo facciano anche tenendo conto del posizionamento dell'avversario.

Questo secondo esercizio è un esempio di esercitazione più analitica, ovvero incentrata sul miglioramento individuale dei singoli difensori. Si differenzia dal resto degli esercizi che, essendo più di gruppo, danno maggior rilievo all'aspetto tattico.

ESERCIZIO 3

Materiale	pettorine, coni, palloni, mini porte.		Compito	Difesa in inferiorità.	
Ripetizioni		**Recupero**	**Spazio**		**Giocatori**
			½ campo		8

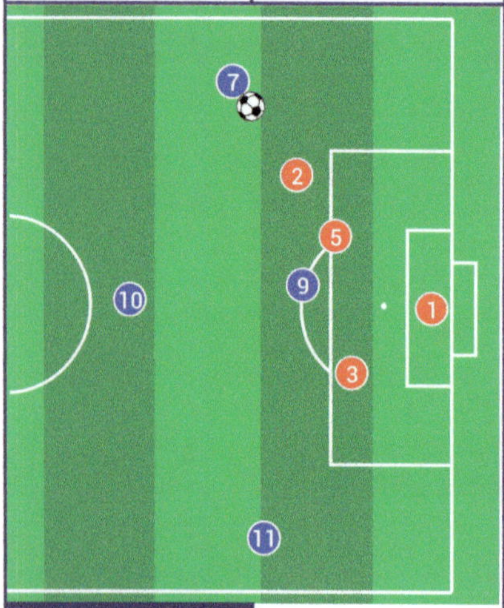

	Descrizione
	Azione d'attacco 4 contro 3 più portiere. Buon esercizio per migliorare i meccanismi d'attacco in superiorità, ma anche per migliorare il livello dei meccanismi difensivi in inferiorità numerica. I blu non avranno altre regole oltre a quella di cercare di concludere l'azione il prima possibile. I giocatori rossi rientreranno e difenderanno gli spazi nei pressi del loro portiere.

	Obiettivi	
	Difesa	Coperture, rientro e profili.
Tiempo	Attacco	Cambio di direzione, movimento palla e finalizzazione.

Varianti	**Regole**
Limite di tocchi o di tempo per concludere l'azione.	Superiorità numerica della squadra in attacco.

Questo esercizio è un tipo di attività ideale per applicare alla squadra concetti di gioco sia offensivi che difensivi. Risulta importante il ruolo dell'allenatore, nel momento di fare correzioni e insistere sugli aspetti più rilevanti.

ESERCIZI OFFENSIVI

ESERCIZIO 4

Materiale	Pettorine, palloni, porte.		Compito	Finalizzazione.
Ripetizioni		**Recupero**	**Spazio**	**Giocatori**
			Area di rigore	11

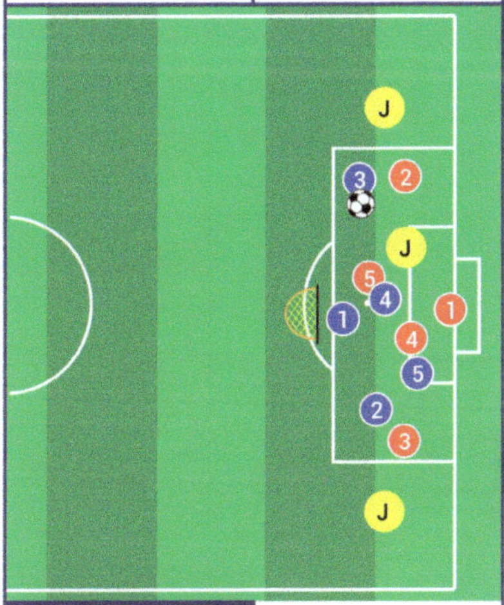

Descrizione

Partita condizionata. 5 contro 5 + 3 "jolly". Quello che si cerca è che ci siano molte finalizzazioni; si ricercano anche cambi di direzione, per cui è importante enfatizzare i profili dei giocatori. In breve, attaccare e difendere velocemente in spazi ridotti.

Obiettivi

Difesa	Scivolamento, difendere in inferiorità numerica.
Attacco	Cambi di direzione, smarcamenti, profili.

Tempo

Varianti

Che la giocata si concluda con il gol di un jolly, che il pallone non debba passare per entrambi i jolly, che ci sia un limite di tocchi.

Regole

Il pallone deve passare per i due jolly sulle fasce per poter finalizzare la giocata; non può essere attraverso lanci diretti laterali, né solamente attraverso il contatto con il jolly del mezzo.

L'obiettivo principale di questo esercizio è produrre cambi di direzione e diverse finalizzazioni della giocata, che porteranno anche allo svolgimento di varie azioni tecnico-tattiche in un breve lasso di tempo.

ESERCIZIO 5

Materiale	pettorine, palloni, porte.	Compito	Posizione condizionata.

Ripetizioni	Recupero	Spazio	Giocatori
		15x15m	14

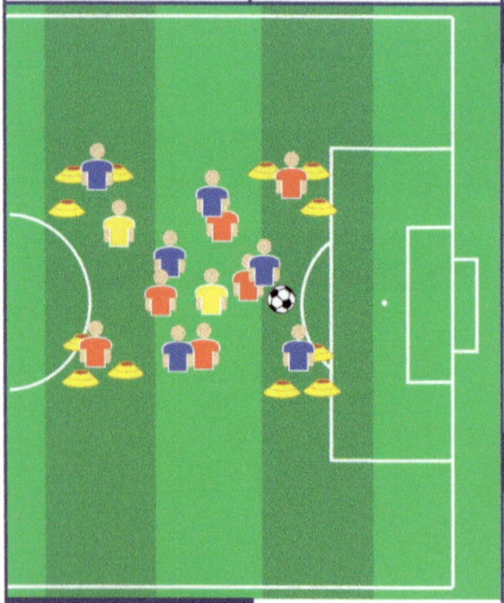

Descrizione

Possesso tra due squadre di 6 giocatori e 2 jolly. L'obiettivo è muovere il pallone da un angolo all'altro. Ogni squadra ha due giocatori fissi in ogni angolo. Fissi perché devono rimanere nella loro zona, ma nel momento in cui ricevono palla, diventeranno parte attiva del possesso e il giocatore che ha effettuato il passaggio andrà nell'angolo.

Obiettivi

Difesa	Bloccare linee di passaggio, marcatura individuale.
Attacco	Profili, cambio di direzione.

Tempo

Varianti

Jolly o no, giocatori dell'angolo che si scambiano o no, aumentare o ridurre lo spazio di gioco.

Regole

Quando il pallone viene da un angolo, il passaggio successivo dovrà andare al giocatore dell'angolo opposto. Il jolly non può passare al giocatore d'angolo.

Esercizio di possesso palla condizionato, in cui si cerca una relazione tra lavoro fisico, tecnico e tattico. È importante curare ogni dettaglio affinché l'esercizio abbia un buon effetto su questi tre aspetti, con lo scopo di preparare e migliorare le prestazioni in gara.

ESERCIZIO 6

Materiale	Pettorine, palloni, porte.	Compito	Inizio azione e finalizzazione.

Ripetizioni	Recupero	Spazio	Giocatori
		½ campo	18

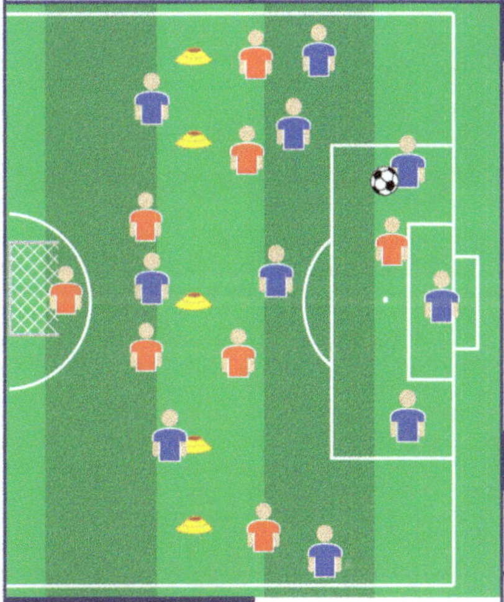

Descrizione

Delimitiamo la zona di gioco in due parti. Nella prima ci sarà una simulazione di inizio azione (ideale adattarlo alla tua squadra, sia nella parte offensiva che difensiva). In questo caso un 7 contro 5 (incluso il portiere). Quando la squadra blu avrà superato il pressing e la prima parte del campo, si effettuerà un 3 contro 2 in attacco verso la porta avversaria.

Obiettivi

Difesa	Pressing (1ª parte) y rientro (2ª parte).
Attacco	Inizio azione e finalizzazione con azioni tecniche.

Tempo

Varianti	Regole
Varianti nel gioco di squadra. Essendo un esercizio con un elevato carico tecnico, non conviene aggiungere limite di tocchi, né parametri simili.	Nessuna regola oltre a cercare di simulare il più possibile, sia per l'attacco che per la difesa, il proprio gioco e il piano della prossima gara.

Come in tutti gli esercizi, è importante tenere conto della condizione fisica e delle azioni tecniche, anche se soprattutto in questa pratica specifica, l'allenatore dovrà insistere e persistere nel buon sviluppo tattico dell'esercitazione. Sempre adattato all'idea di gioco della squadra.

ESERCIZI DI TRANSIZIONI

ESERCIZIO 7

Materiale	Pettorine, palloni, mini porte.	Compito	Partita condizionata con transizioni.
Ripetizioni	**Recupero**	**Spazio**	**Giocatori**
		1/2campo	14

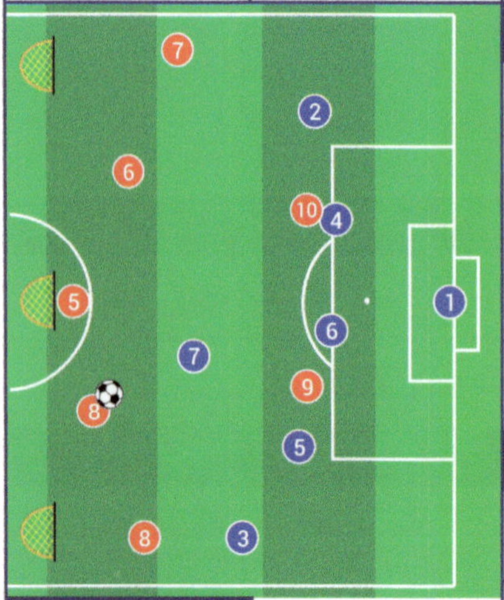

Descrizione

Partita condizionata in inferiorità per i blu. L'esercizio prevede che rossi attacchino verso la porta avversaria, mentre i blu difendono in inferiorità numerica. Tutto ciò col modulo di gioco proprio della squadra, per favorire i meccanismi tra i giocatori. Quando i blu recuperano palla, cercheranno di fare gol nelle mini porte, per cui si verificherà una transizione difesa-attacco in cui cercheranno di dare ampiezza al campo. Nel frattempo, i rossi affronteranno una transizione attacco-difesa.

Obiettivi

Difesa	Scivolamento, difendere in inferiorità, coperture. Tutto con il modulo di gioco proprio della squadra.
Attacco	Cambi di direzione, smarcamenti, ampiezza, profondità, profili.

Tempo

Varianti	Regole
Che il pallone vada da un lato all'altro, limite di tocchi.	Nessuna in quanto tale, anche se si consiglia all'allenatore di ricordare che l'obiettivo è avanzare col possesso palla e far gol nel maggior numero di giocate possibile.

L'esercitazione qui proposta è molto completa, poiché serve a praticare l'automazione in difesa e in attacco con il sistema di gioco della tua squadra, quindi con i principi e sotto-principi tattici che l'allenatore vuole proporre. Inoltre, serve anche per rientrare dopo una palla persa e per fare contropiede dopo aver recuperato palla; cioè per allenare le transizioni.

L'importante di questo esercizio sta nell'intervento dell'allenatore e nelle sue correzioni, che devono essere precise per raggiungere l'obiettivo prefissato.

ESERCIZIO 8

Materiale	Pettorine, palloni, mini porte.	Compito	Possesso palla condizionato.

Ripetizioni	Recupero	Spazio	Giocatori
		10x30 mts	12

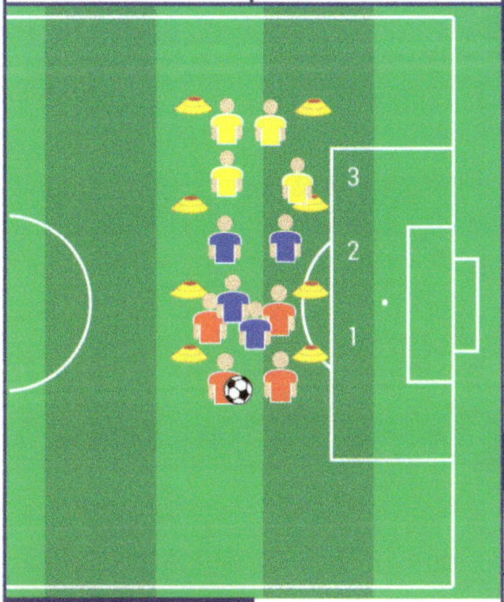

Descrizione

Esercizio in cui distinguiamo 3 squadre e 3 zone (rettangoli) diverse (numerate nell'immagine). Nella zona 1, la squadra rossa è in possesso palla e quando avrà realizzato 5 passaggi potrà, mediante un cambio di direzione, connettere con i gialli. Se il pallone arriva ai gialli, gli altri due blu, che cercavano di bloccare la linea di passaggio, pressano nel rettangolo 3. Nel caso in cui la squadra che pressa recupera palla, questi passeranno al rettangolo 1 o 3 dove è stato recuperato il pallone, mentre la squadra che l'ha perso passerà rapidamente a fare pressing. E via di seguito.

Obiettivi

Difesa	Pressing e coprire le linee di passaggio.
Attacco	Rapida circolazione del pallone, profili e cambio di direzione.

Tempo	

Varianti	Regole
Senza un minimo di passaggi per realizzare i cambi di direzione, variare gli spazi in funzione dell'obiettivo che ci prefissiamo.	5 passaggi prima di effettuare i cambi di direzione e 3 giocatori che fanno pressing.

Esercizio di possesso palla condizionato, in cui si cerca una relazione tra lavoro fisico, tecnico e tattico. È importante curare ogni dettaglio affinché l'esercizio abbia un buon effetto su questi tre aspetti, con l'obiettivo di preparare e migliorare le prestazioni in gara. Particolare rattenzione ai profili dei giocatori, per poter effettuare cambi di direzione e pressing dopo la palla persa. È un esercizio molto completo ed efficace.

ESERCIZIO 9

Materiale	Pettorine, palloni, mini porte.	Compito	Rondo con pressing dopo una palla persa.

Ripetizioni	Recupero	Spazio	Giocatori
			14

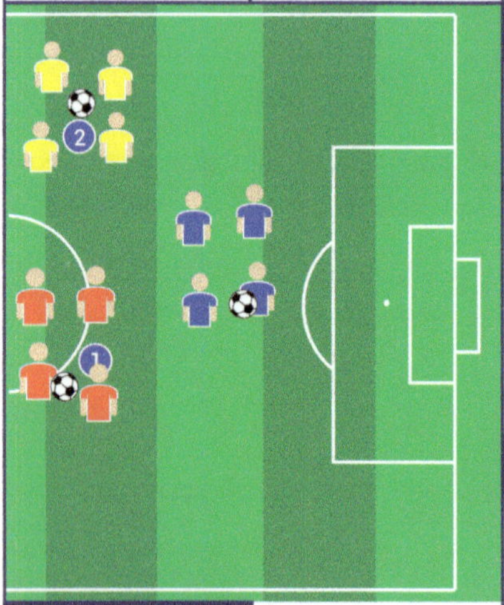

Descrizione

L'esercizio prevede 3 rondo diversi. Ideale come riscaldamento, è un esercizio con un maggiore carico tecnico che tattico. I giocatori, anche se sono suddivisi in colori diversi, non fanno parte di squadre differenti. I giocatori 1 e 2 fanno pressing in un rondo ciascuno. Quando uno dei due recupera il pallone, andrà a far parte dei giocatori col pallone nel rondo e il giocatore che ha perso palla passerà a fare pressing alla massima velocità al rondo in cui non c'è nessuno pressando (in questo caso i giocatori blu). E via di seguito.

Obiettivi

Difesa	Pressing con la massima intensità e coprire le linee di passaggio.
Attacco	Profili, controlli e passaggi.

Tempo

Varianti	Regole
Senza limite di tocchi o con limiti differenti. Negli ultimi minuti si può motivare i giocatori proponendo un "castigo" per i due giocatori che rimarranno in mezzo ai rondo.	Se nel rondo si effettuano 10 passaggi senza un recupero del pallone, fare pressing alla massima velocità verso un altro rondo. Limite di due tocchi.

Esercizio ideale da eseguire prima della parte principale di una sessione di allenamento. Serve ad attivare i giocatori e ha una forte componente ludica.

CIRCA L'AUTORE

Manuel Olmo nato nella città di Santa Cruz de Tenerife in Spagna (1999). Appassionato di calcio: prima come giocatore, ora come allenatore titolato UEFA B. È un fedele appassionato di tattica, motivo per cui si è specializzato in vari Master in Analisi Tattica e Scouting (AFOPRO), oltre che in Big-Data applicato al calcio (UCAM).